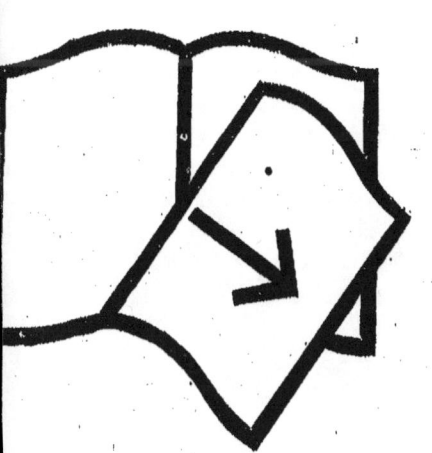
Couverture supérieure manquante

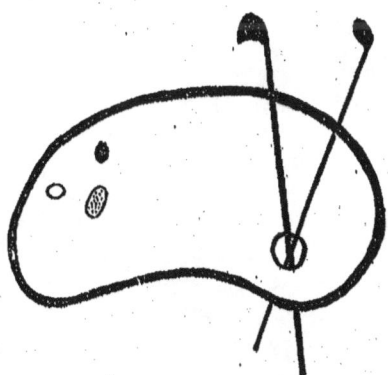
ORIGINAL EN COULEUR
NF Z 43-120-8

SCÈNES
DE LA
VIE CRUELLE

OUVRAGES

DE

CHARLES MONSELET

Format grand in-18

LES AMOURS DU TEMPS PASSÉ............	1 vol.
LES ANNÉES DE GAIETÉ...............	1 —
L'ARGENT MAUDIT (2ᵉ *édition*)...........	1 —
LES FEMMES QUI FONT DES SCÈNES.......	1 —
LA FIN DE L'ORGIE................	1 —
LA FRANC-MAÇONNERIE DES FEMMES......	1 —
FRANÇOIS SOLEIL.................	1 —
M. DE CUPIDON..................	1 —
M. LE DUC S'AMUSE...............	1 —
LES MYSTÈRES DU BOULEVARD DES INVALIDES...................	1 —
LES ORIGINAUX DU SIÈCLE DERNIER.......	1 —
LES RESSUSCITÉS.................	1 —
SCÈNES DE LA VIE CRUELLE (2ᵉ *édition*).....	1 —
LES SOULIERS DE STERNE............	1 —

Saint-Germain. — Imprimerie D. BARDIN.

SCÈNES
DE LA
VIE CRUELLE

PAR

CHARLES MONSELET

DEUXIÈME ÉDITION

PARIS

CALMANN LÉVY, ÉDITEUR

ANCIENNE MAISON MICHEL LÉVY FRÈRES

RUE AUBER, 3, ET BOULEVARD DES ITALIENS

A LA LIBRAIRIE NOUVELLE

—

1876

Droits de reproduction et de traduction réservés

SCÈNES
DE LA
VIE CRUELLE

I

ROSITA

Rosita est le titre d'une valse célèbre et ravissante que j'aimais à fredonner autrefois, et qui était liée aux souvenirs les plus charmants de ma jeunesse. Maintenant, je ne peux plus entendre la Rosita sans être désagréablement et même douloureusement affecté. A quoi cela tient-il? A l'histoire qu'on va lire.

Il y a vingt ans environ, un ami, avec lequel je faisais chaque soir de longues promenades dans Paris, me montra, à travers les vitres d'un café de la rue de Grenelle-Saint-Honoré, un individu assez humblement accoutré, seul et rêveur devant un grog.

— Vous voyez cet homme? me dit-il.

— Eh bien?

— C'est un musicien, un compositeur de beaucoup de talent et de beaucoup d'infortune.

— Qui s'appelle?

— Philiberti.

— Connais pas, répondis-je.

— Personne ne le connaît, en effet, excepté ses confrères, parmi lesquels il passe pour être l'auteur d'une foule de jolies choses qui ne portent pas son nom, entre autres de la Rosita.

J'avais fait un haut-le-corps au nom de la Rosita; j'associais difficilement cette valse brillante à l'image de ce pauvre hère. — Quoi! mes émotions intimes, les premiers battements de mon cœur, mes extases d'adolescent pendant les nuits de bal, c'était à cet homme que je les devais, à ce buveur somnolent! Cette idée me froissait, et pendant quelque temps je fis tout ce que je pus pour la chasser, mais inutilement. Ce Philiberti me revenait obstinément à la mémoire, je dus me résigner à le subir.

Par intervalles, je m'enquérais de lui auprès des musiciens que je rencontrais. De nouveaux renseignements s'ajoutaient à ceux de mon ami; tous aboutissaient à la même formule : du talent, de la misère, du désordre. Enfant de troupe, Philiberti avait appris la musique au régiment; mais, quoique doué d'une organisation artistique très-développée, il était toujours demeuré d'une faiblesse extrême sur les instruments à vent. Il ne jouait passablement que du violon, ce qui est un luxe inutile dans les orchestres militaires. Aussi Philiberti quitta le régiment et vint à Paris, où il s'engagea dans un bal public.

Dès lors, vivant au jour le jour, acceptant toutes les sociétés, il tomba insensiblement dans cet état d'incurie et d'indifférence où la plupart de ses confrères l'ont connu. Par un contraste mystérieux, son talent de compositeur s'épanouissait et florissait; mais ce talent ne lui servait pas à grand'chose. Philiberti était trop de la famille de Lantara. De la même façon qu'on obtenait du peintre une esquisse pour une somme minime ou pour un repas, on obtenait un morceau de musique de Philiberti.

C'est à cette époque qu'il céda à des exploiteurs sans vergogne une barcarolle que toute la France a soupirée, et un pas redoublé dont Louis-Philippe raffolait. Si je répète ces faits, c'est qu'ils sont ou plutôt ils étaient alors de notoriété publique dans le monde des musiciens. On prétend même que le pas redoublé valut la croix d'honneur à son signataire... — Pendant ce temps Philiberti buvait des grogs.

Il se lassa pourtant de cette existence au hasard. On lui indiqua une petite ville du midi qui désirait avoir un organiste, un professeur et un chef de musique de la Garde nationale, — dans une seule personne. Philiberti réunissait les conditions de ce programme ; il partit à pied, bien entendu.

Alors se passa un fait inouï dans la vie de Philiberti, le seul événement de sa vie, d'ailleurs. La route est longue de Paris à Villefranche, la route est belle aussi.

On était au printemps. Un jour qu'il cheminait sans trop de hâte, il se laissa gagner par le crépuscule ; il n'en accéléra point davantage sa marche, car, en bon musicien, il était sensible aux harmonies de la campagne et de l'ombre. Tout à coup, il aperçut une jeune fille étendue sur le talus du fossé, une guitare posée à côté d'elle et un petit chien couché à ses pieds.

— Quelque chanteuse ambulante qui se sera endormie, pensa-t-il sans s'arrêter.

Mais à peine avait-il fait quelques pas, qu'il fut rejoint par le petit chien, — qui lui mordillait le bas de sa redingote, et dont l'aboiement avait quelque chose de douloureux.

Philiberti rebroussa chemin, et revint vers

la jeune fille, dont l'extrême pâleur le frappa; se penchant vers elle, au milieu de l'herbe, il se convainquit qu'elle était évanouie, et non endormie. Il s'empressa de la ranimer, en lui frottant les tempes avec quelques gouttes de l'eau-de-vie contenue dans sa gourde.

Après quoi il voulut l'accompagner jusqu'à l'auberge la plus proche.

Ensuite, assise à une table, auprès d'un feu clair, elle lui racontait son histoire, — histoire éternellement attendrissante. Des parents dissipateurs. Un commencement d'é--ducation, subitement interrompue. Revers de fortune, catastrophes sur catastrophes. Bref, elle était orpheline depuis huit jours, et depuis huit jours elle avait vécu d'aumônes, en jouant de la guitare sur la voie publique, jusqu'au moment où, vaincue par la fatigue et par la faim, elle était tombée au bord d'une grande route, où elle croyait bien ne pas se réveiller.

L'enfant toussait en disant cela.

Qu'ajouterai-je? Philiberti, qui était parti seul de Paris, arriva à Villefranche en compagnie d'une jeune fille et d'un chien.

La jeune fille s'appelait Céleste, le chien s'appelait Diapason.

Diapason, qui appartenait à la race intelligente des chiens-moutons, devait son nom à une faculté toute spéciale. Il n'était pas rare d'entendre Philiberti lui dire :

— Diapason, donne-moi le la.

Immédiatement Diapason s'asseyait, levait le museau, et donnait le son demandé, — son triste et violent, — où quelques bonnes femmes voient un présage funèbre.

Céleste avait seize ans. Elle était jolie, mais frêle à l'excès. Philiberti s'imagina bien faire en la présentant comme sa sœur. On les accueillit donc l'un et l'autre. Comme elle était très-bien douée pour le chant, il lui avait donné des leçons et avait fait d'elle, en peu de temps, une élève remarquable; aussi, la société de Villefranche, voyant une jeune fille si douce, si intéressante, n'hésita pas à lui ouvrir ses salons. Philiberti y était admis par-dessus le marché. Il avait renoncé à ses habitudes d'autrefois, et était devenu un tout autre homme.

Cette transformation était entièrement l'ouvrage de Céleste, qu'il aimait de l'affection la plus pure et la plus élevée, et qu'il entourait des soins les plus délicats.

Rien d'exemplaire et de touchant comme la vie de ces deux êtres, pendant les dix-huit mois qu'ils passèrent à Villefranche.

Un bonheur si parfait pouvait-il durer?

Évidemment non. Un musicien du pays, jaloux de la mince position de Philiberti, s'avisa d'aller aux renseignements, et acquit la preuve qu'il n'avait jamais eu de sœur. Une dénonciation en règle vint frapper le pauvre compositeur, qui fut immédiatement révoqué de ses triples fonctions, et privé de son unique traitement.

Philiberti baissa la tête, et comprit que les mauvais jours allaient recommencer. Il annonça à la jeune fille, — de la façon la plus tranquille en apparence, — qu'il avait trouvé un emploi plus avantageux hors de Villefranche. Céleste accueillit cette nouvelle avec ce sourire de résignation qui avait souvent effrayé Philiberti.

Cette fois, on partit dans le coupé de la diligence. Mais, au milieu du voyage, des faiblesses s'emparèrent de Céleste, il fallut s'arrêter dans un hôtel et envoyer chercher un médecin. Les semaines s'écoulèrent, épuisant les ressources. Le docteur, clairvoyant, prononça le mot terrible d'hospice. Philiberti frémit de tous ses membres.

— Bah ! murmura Céleste, ce sera l'affaire de quelques jours ! Ce fut « l'affaire de quelques jours, » en effet. L'hospice de Vierzon ne devait pas rendre sa douce proie. Philiberti faillit devenir fou de douleur; tous les instants qu'il lui était interdit de rester au chevet de Céleste, il les passait à la porte de l'hospice, dans la rue, avec son fidèle Diapason, qui mêlait son aboiement plaintif aux sanglots de son maître.

Philiberti avait cru inutile de continuer à faire passer Céleste pour sa sœur. On apprit plus tard par les religieuses la bonne action de Philiberti, et dans quelles circonstances il avait recueilli l'orpheline, simplement, sans réfléchir, comme font les pauvres gens lorsqu'ils obligent un de leurs semblables.

Le lendemain de l'enterrement de Céleste, l'homme et le chien sortirent lentement de la ville. Mais pendant plusieurs années, à la même date, on les vit revenir tous deux, silhouettes mélancoliques, se dirigeant vers le cimetière...

Puis, à partir de ce moment, l'histoire de Philiberti devient de plus en plus sombre. Le malheur le rendit au désordre, qui ne le lâcha plus. On perdit sa trace pendant un assez long laps de temps. — Enfin, un jour par hasard, un de ses amis, M. Victor Buot, le rencontra à Versailles, logé dans un taudis, vieilli, blanchi, infirme (il boitait très fortement). M. Buot, de qui je tiens tous ces détails, — compositeur lui-même, et d'un talent légitimement apprécié, — M. Buot était alors chef de musique de l'artillerie à cheval de la garde. Il ne se contenta pas de venir en aide sur-le-champ à Philiberti, il s'employa chaleureusement à lui faire avoir des leçons. On organisait précisément les musiques des nouveaux corps d'armée; Philiberti trouva tout de suite sept ou huit élèves; — lesquels, réunis, pouvaient représenter pour lui deux cents francs par mois.

Avec cette somme, il lui devenait possible de se reprendre à la vie, au travail. Mais la volonté semblait l'avoir abandonné. Dans ce corps voûté avant l'âge, dans ces traits usés, se lisait le découragement le plus profond. — Il paraissait ne plus reconnaître que son chien, son Diapason, qui, lui aussi, selon l'expression populaire, « commençait à s'en aller » poil à poil. Quelquefois, au milieu d'une leçon, Philiberti s'interrompait soudainement et tombait dans une rêverie étrange ; sa bouche s'ouvrait comme en présence d'une vision ; ses yeux se remplissaient de larmes. Ses élèves s'étaient facilement accoutumés à respecter cette émotion ; et pour peu qu'elle se prolongeât, ils sortaient de la chambre silencieusement, sur la pointe du pied.

Est-ce à la suite d'un de ces accès que s'accomplit, il y a dix ans, le drame dont Versailles s'effraya et s'affligea sincèrement ? Personne n'a pu le dire. Toutefois est-il qu'un soir, Philiberti, — en qui l'on n'aurait jamais soupçonné ce reste d'énergie, — ouvrit un tiroir secret de sa commode, y prit un pistolet et se brûla la cervelle.

Cette nuit, Diapason ne cessa pas de donner le *la*.

II

IL EST DE LA POLICE

L'associé de la maison Laloubeyre me prit par le bras, et m'entraînant vers le fumoir, il m'adressa ces paroles :

— Venez donc par ici : j'aurais quelques mots à vous dire.

— Volontiers.

— Est-ce que vous connaissez le monsieur avec qui je viens de vous voir causer ?

— Qui ? Maugis ? Certainement. Beaucoup.

— Eh bien ! Si j'ai un conseil à vous donner, évitez sa compagnie.

— Que j'évite la compagnie de Maugis ? répétai-je avec étonnement.

— Oui.

— Pourquoi cela ?

— Ne m'en demandez pas davantage.

— Mais si ! mais si ! Cela me gênerait infiniment d'éviter Maugis ; il vient tous les soirs à mon café, et nous faisons la partie depuis deux ans.

— Voilà ce que je craignais ! murmura l'associé de la maison Laloubeyre.

— Expliquez-vous ; est-ce qu'il y a quelque chose à dire sur le compte de Maugis ?

— Cela dépend de la façon d'envisager les choses.

— Vous me mettez au supplice, parlez plus clairement.

— Vous le voulez ?

— Avec énergie !

L'associé de la maison Laloubeyre regarda autour de lui, et murmura quelques mots à mon oreille.

— Lui ? pas possible ! m'écriai-je.

— Lui-même.

— Allons donc ! Maugis, une figure si ouverte, un abord si riant, un accent si cordial !

— Justement. Il n'y a que ces gens-là pour avoir un air épanoui.

— Mais, en êtes-vous bien sûr ?

— Oh !

— Ne pouvez-vous pas avoir été induit en erreur ?

L'associé de la maison Laloubeyre ajouta d'un air mystérieux :

— Je tiens mes renseignements d'un chef de bureau de la préfecture. Vous voyez que le doute n'est pas possible.

— A qui se fier ? Maugis !

— Vous voilà averti. Adieu.

— Tenez, je donnerais volontiers vingt-cinq louis pour ignorer ce que vous venez de m'apprendre !

— J'ai agi dans votre intérêt.

— Je vous en remercie, mais je n'en suis pas moins fort embarrassé. Que faire ?

— Cela vous regarde.

— Maugis n'a jamais eu que d'excellents procédés vis-à-vis de moi.

— Après cela, si vous n'avez pas de préjugés...

— Monsieur !

— Il y a de ces institutions nécessaires... qui rendent de grands services...

— Plus un mot !

L'associé de la maison Laloubeyre s'inclina en souriant et rejoignit les autres convives.

Je demeurai pendant quelque temps à la même place, désolé de cette révélation.

Je n'avais pas à hésiter cependant. Mon programme m'avait été tracé par l'associé de la maison Laloubeyre : éviter Maugis.

Ce n'était pas facile. Dès le lendemain Maugis m'aperçut au café, et me salua d'un bonjour amical, que je feignis de ne point entendre.

Puis il me tendit la main.

Les miennes étaient derrière mon dos ; je les y laissai.

Il me regarda avec étonnement.

Je passai.

Une demi-heure après, il se retrouvait devant moi.

— Faites-vous une partie? me demanda-t-il.

— Non.

— Vous êtes bien laconique aujourd'hui ; qu'avez-vous ?

— Rien.

— Vous partez ?

— Oui.

— Je vous accompagne, dit-il.

— Je ne vais pas de votre côté.

Il se mordit les lèvres, devint rêveur, et finalement s'éloigna en haussant les épaules.

Au bout de quelques jours, Maugis était

complétement édifié sur la nature de mes sentiments à son égard.

Il voulut cependant en avoir le cœur net, et après une de mes impolitesses plus accusées que les autres, je ne pus esquiver une explication.

Il me barra résolûment le passage.

— Votre conduite depuis quelque temps est incompréhensible, me dit-il avec agitation, et je vous serai obligé de m'en dire le motif.

— Je n'ai rien à vous dire, lui répondis-je.

— Vous êtes plus que froid avec moi, mon cher, vous frisez l'impertinence. Vous aurais-je froissé involontairement ? Avez-vous contre moi quelque grief que j'ignore ? Encore une fois, d'où vient ce changement subit ?

— Vous devez le savoir, dis-je en le regardant très en face.

— Que le diable m'emporte si je m'en doute seulement !

— Brisons là, monsieur Maugis, prononçai-je d'une voix ferme ; nos relations ont assez duré comme cela.

— Mais la raison ! la raison !

— Descendez au fond de votre conscience.

— Mais j'y descends, j'y suis, m'y voilà, et je ne trouve rien, rien, rien !

— Assez !... Je ne veux pas vous obliger à rougir devant moi.

— Rougir de quoi ? fit Maugis, de plus en plus stupéfait.

Je le toisai du haut en bas, et lui tournai le dos.

Il me retint par le bras.

— C'en est trop, dis-je en me dégageant ; à partir d'aujourd'hui je ne vous connais plus.

— Soit ! allez au diable ! s'écria-t-il à son tour ; mais vous pouvez vous vanter d'être un drôle de pistolet !

Un drôle de pistolet ! De la part de tout autre !...

Mais un Maugis !

Jusqu'à présent, j'avais cru devoir garder quelques ménagements envers lui, en raison de nos relations anciennes ; j'avais supposé aussi qu'il se tiendrait pour averti par mon attitude significative. Mais son impudence me révolta, et je ne crus plus lui devoir que mon profond mépris.

Un jour, dans un dîner officiel, comme on avait mis son couvert à côté du mien, — avec l'intention de m'être agréable, — je me levai pour aller ostensiblement changer de place.

Dieu sait pourtant si je désirais que Maugis me devînt absolument étranger ! Mais le hasard semblait se faire un jeu malin de le jeter sans cesse sur mes pas ou de m'apporter de ses nouvelles.

J'appris ainsi qu'il était sur le point de se marier avec une jeune fille dont les parents m'étaient particulièrement connus et jouissaient d'une haute réputation d'honnêteté. Cette fois je bénis sincèrement le hasard qui me permettait d'empêcher une infamie. Je me serais regardé comme le dernier des misérables en n'avertissant pas cette famille. Je fis demander un entretien à la mère, et — sous le sceau du secret — je lui confiai ce que l'associé de la maison Laloubeyre m'avait appris sur Maugis. Elle m'écouta avec effroi, et me remercia avec effusion.

Le lendemain Maugis était éconduit.

Mais il eut vent de mon intervention ; il m'avait vu dans la maison, il flaira la vérité. Il se présenta chez moi avec deux de ses amis.

Blême, les poings crispés, il m'apostropha ainsi :

— Je ne sais pas ce que vous avez pu dire et ce que vous avez pu faire dans la famille N... ; mais je vous tiens pour le plus ténébreux et le plus lâche des gredins !

Le sang me monta au front, mais j'eus assez d'empire sur moi pour me contenir.

— Voici ma carte, ajouta-t-il.

— Votre carte, pourquoi faire ?

— Prenez-la, si vous ne voulez pas que je vous la jette par la figure !

— En effet, dis-je avec un sourire écrasant, un homme comme vous doit avoir une carte.

Il ne comprit pas, ou comprit autre chose ; mais, me menaçant de la main :

— Je vous promets une balle dans la tête ou un coup d'épée dans la poitrine !

— Un duel ? murmurai-je en ricanant ; vous savez bien qu'on ne se bat pas avec vous.

Maugis resta immobile, les yeux écarquillés comme quelqu'un qui doute s'il rêve.

Ensuite, revenu de sa stupeur, il me sauta à la gorge.

On se jeta entre nous...

Ses deux amis m'annoncèrent qu'ils reviendraient le lendemain matin. Mais un cas urgent me força de quitter Paris le soir même, sans avoir pu le revoir. Rien d'ailleurs n'aurait pu m'amener à une rencontre avec Maugis ; je serais demeuré implacable sur ce point. Je leur laissai une lettre des plus explicites, dans laquelle je leur dévoilai confidentiellement le motif de ma conduite, qu'ils avaient le droit de trouver étrange. Communiquèrent-ils cette lettre à Maugis ? Je l'ai toujours ignoré.

Je sus seulement plus tard que les mouvements de colère extraordinaire qu'il avait ressentis de cette aventure avaient déterminé en lui une congestion cérébrale dont il ne se remit jamais. Lui, si riant, si empressé, il tomba peu à peu dans la langueur et dans l'hypocondrie. On le vit des heures entières au café, les yeux sur un journal, qu'il ne lisait pas. Lui parlait-on ? il frissonnait et répondait à demi-voix. Dans la rue, il rasait les murailles d'un air inquiet et baissait la tête devant le regard des passants. — Il ne se réveillait que lorsqu'on prononçait mon nom ; mais alors c'était pour entrer dans des accès de fureur...

Il a fini par passer en Amérique.

L'été dernier j'ai appris par une lettre la mort imprévue de l'associé de la maison Laloubeyre. J'en ai éprouvé un vrai chagrin. Voici comment cet événement est arrivé ; l'associé de la maison Laloubeyre, au sortir d'un bon déjeuner, avait eu l'imprudence de se baigner dans la Marne. Il est allé donner dans les herbes où son pied s'est embarrassé, et où, finalement, il est resté tout entier. Les secours sont arrivés trop tard. C'était un aimable homme ; il a été regretté de tout le monde.

Il n'avait qu'un défaut, — ajoutait mon correspondant, — c'était d'être trop enclin à la mystification.

Une de ses plaisanteries les plus cruelles, et dont les conséquences pouvaient devenir infiniment désagréables pour celui qui en était la victime, était de dire en parlant du premier venu :

« *Il est de la police !* »

III

UNE MAUVAISE ACTION

Je ne suis pas content de moi; j'ai fait une mauvaise action.

Un de ces jours de décembre, j'étais sorti par les premiers froids. Le vent était coupant comme un acier, le pavé sec et sonore. Les passants fuyaient plutôt qu'ils ne marchaient.

Ennemi de ce qu'on appelle un beau froid,

je m'étais prudemment précautionné contre ses atteintes. J'avais un paletot et un pardessus ; ma bouche et mes oreilles étaient closes par un vaste cache-nez ; mes mains étaient plongées dans des gants fourrés. Ainsi recouvert, j'allais, frappant la semelle sur les trottoirs avec un air de défi, et l'esprit occupé de joyeux projets.

Au coin de la rue Laval et de la rue Frochot, une femme, appuyée contre le mur et tenant un enfant dans les bras, tendit vers moi la main en murmurant :

— Monsieur, la charité, je vous prie !

Je passai sans répondre, rapidement, me contentant de penser que j'étais pressé, qu'il était tard, et que je ne pouvais pas sensément m'arrêter, ôter mes gants, déboutonner mon paletot, chercher mon porte-monnaie, au risque d'attraper l'onglée, après tous les soins que je m'étais donnés pour me maintenir dans un état de douce chaleur.

Et comme pour appuyer ce raisonnement, je jugeai à propos de doubler le pas.

Mais la pauvre femme m'avait suivi; je la retrouvai à côté de moi, tendant encore la main et murmurant encore :

— La charité, je vous prie, monsieur...

Quelque prompt que fût mon regard, j'eus le temps de remarquer l'extrême abattement de sa physionomie.

Je jetai un coup d'œil furtif sur l'enfant;

Je dois le dire, j'eus un moment d'hésitation.

Et pourtant je passai...

Je crois même, Dieu me pardonne, qu'afin de précipiter ma décision, j'essayai même de me persuader que j'avais peut-être affaire à une intrigante, à une mendiante de profession, comme il y en a beaucoup.

Je n'étais pas au bout de la rue Laval, que tout ce qu'il y a en moi d'honnête, de juste, de généreux, bondissait et se révoltait.

— Ah! misérable que je suis! m'écriai-je soudain.

Et je revins en hâte sur mes pas.

Je ne pouvais concevoir comment j'avais pu pousser à un tel point l'indifférence et la cruauté.

Mais lorsque j'arrivai à l'angle de la rue Laval et de la rue Frochot, je ne vis plus la pauvre femme.

Je regardai de tous côtés, vainement.

— Elle ne peut pas être loin, me dis-je.

Je m'informai à un commissionnaire qui stationnait près de là :

— Avez-vous vu tout à l'heure une mendiante avec son enfant?

Il l'avait vue, mais il ne savait pas de quel côté elle avait pris.

— Je veux la retrouver ! je la retrouverai ! répétais-je avec agitation.

Je remontai la rue Frochot qui aboutit au boulevard extérieur.

Personne... plus personne !

— Oh ! mon Dieu, pensai-je, où sera-t-elle allée? Qu'est-ce qu'elle est devenue? Elle avait l'air exténué, elle se soutenait à peine ; sa voix tremblait. Et j'ai pu me détourner de cette voix ! Son insistance n'était pas habituelle. Oui, il faut que je la retrouve. Et cet enfant... ce petit être entortillé de haillons ce jeune corps déjà en lutte avec la souffrance, bleu de froid, endormi dans ses pleurs, dans la faim peut-être !... Pour l'exposer à un temps si rigoureux et en faire une enseigne de pitié, il fallait qu'elle n'eût plus de logement, qu'elle eût épuisé toutes ses ressources, qu'elle eût tout vendu, qu'il ne lui restât que ce qu'elle a sur le corps. Et j'ai fermé les yeux! et j'ai bouché mes oreilles. Ah! lâche et méchant!...

J'étais désespéré.

J'allais du boulevard extérieur à la rue des Martyrs et je revenais à la rue Frochot. Je ne sais pas ce que j'aurais donné pour retrouver cette infortunée.

Un soupçon funeste m'oppressait.

En me suppliant comme elle faisait, elle avait sans doute mis en moi son dernier espoir, sa dernière chance de salut. Sans doute à bout de force et de courage, elle s'était dit: « Allons, implorons encore celui-là, et puis après, plus d'autre! » Et puis après?... Où peut aller une femme vaincue par la misère ?

Mes pas et mes démarches restèrent sans résultat.

Je ne continuai pas ma route.

Je rentrai chez moi, sombre, la tête baissée. Je ne sentais plus le froid ni le vent. Je ne pensais qu'à la malheureuse femme et à son enfant.

Je ne suis pas content de moi. J'ai fait une mauvaise action.

IV

LA MORT D'UN COMÉDIEN

J'avais appris sa maladie par les journaux ; je me rendis chez lui sur-le-champ.

C'était un brave garçon que j'avais connu plein de verdeur, tout à la joie et tout à son art, avec un certain talent dans la bouffonnerie.

Sa sœur me reçut. Je n'eus pas besoin de l'interroger ; à son expression d'accablement je vis tout de suite où les choses en étaient.

— Entrez, me dit-elle ; votre visite lui fera plaisir.

Elle me précéda et prononça ces mots :

— Mon ami, c'est M. M..., qui vient... en passant... savoir de tes nouvelles... en passant.

Dans une chambre, semblable à toutes les chambres de malades, sur un lit constellé de traces de tisane, il était étendu, maigre et jaune, la tête exhaussée par une pile d'oreillers.

Cette pauvre tête dont j'avais tant ri autrefois !

Il tourna les yeux vers moi et essaya de faire un mouvement.

—Ne te découvre pas! dit vivement sa sœur en se précipitant au-devant de lui.

Mais il était trop tard. La main et le poignet décharnés qu'il me tendit étaient dignes de figurer dans les dessins d'une danse macabre.

— Merci, me dit-il ; merci. Je vais beaucoup mieux, surtout depuis hier. Il paraît que j'ai été très-malade ; je n'en ai rien su ; je ne me souviens même pas d'avoir souffert. On m'a dit pourtant que j'avais longtemps crié. J'ai eu le délire. J'ai battu la breloque, ce qui ne me changeait guère, puisque j'ai toujours été un peu toqué. Mais à présent, c'est fini, tout à fait fini. Je me sens léger comme une plume. Je ne sais pas pourquoi on ne me laisse pas me lever ; il me semble que je battrais des entrechats. Il faut croire que le corps a besoin de ces secousses-là de temps en temps. Et puis, c'est commode ces maladies qu'on ne sent pas et dont on ne se souvient pas. Parlez-moi de ça ! C'est étonnant comme je suis bien ce matin. Vous m'apportez des nouvelles, j'espère. Qu'est-ce qu'on joue ce soir?

— Où?

— A mon théâtre, parbleu!

— Il ne pense tout le temps qu'à son théâtre, dit la sœur avec un demi-sourire.

— Eh! à quoi pourrais-je penser? répliqua-t-il; n'est-ce pas ce qui m'intéresse le plus au monde!

— C'est là ce qui t'a rendu malade. Figurez-vous, monsieur, qu'il s'occupe perpétuellement de ce que peuvent écrire sur lui les journaux de spectacles. Il ne rêve que bruits de coulisses, échos... que sais-je? Des futilités! Est-ce que son esprit n'aurait pas à s'appliquer à des idées plus sérieuses, je vous le demande?

Je me tus.

Alors il dit :

— Ma bonne sœur, tu es un ange. Ton seul tort a été de me croire plus malade que je ne suis. Viens, que je t'embrasse ! Encore !... Aïe ! ce n'est rien... un craquement dans l'épaule... j'y suis habitué... Mais tu ne sais pas ce que c'est que ma profession. Tiens ! M.... il le sait, lui ! Il comprend mes enivrements. Oh ! mes belles représentations ! Mes grandes *premières* ! Demande-lui, plutôt. Je ne suis qu'un comique, un pitre, comme disent les *reporters*. Eh bien ! le pitre a soulevé des salles toutes remplies de diamants, d'épaules nues, de gens célèbres ! Le pitre a fait éclater de rire douze cents personnes régulièrement, pendant des trois mois entiers ! Le pitre a été rappelé à tous les actes, dans des pièces qui avaient quatre actes ! Et on lui jetait des bouquets ! Et on lui criait *bravo !* comme à un

Talma ou à un Frédérick. Et tu ne veux pas qu'il se rappelle ces choses surprenantes? Tu ne veux pas qu'il y songe sans cesse? Tu ne veux pas, ma brave sœur, qu'il demande ce qu'on joue ce soir?

— Tiens, bois! lui dit-elle en lui présentant une tasse.

Il but avec avidité.

La fièvre le gagnait.

— Répondez-moi, dit-il en s'adressant à moi, qu'est-ce qu'on joue?

— J'ai cru voir sur l'affiche les *Noces de Coquenpâte*.

— Ah! avec Léonard dans mon rôle!

— Probablement.

— Ça doit être du propre! dit-il en s'agitant; après ça, il y a des gens qui aiment ce jeu-là!

Sa sœur l'implorant du regard, il devint plus calme.

Seules, les ailes de son nez frémirent encore de colère pendant quelques secondes.

Un nez tout pincé déjà !

Après un instant de silence, il reprit :

— Allez-vous toujours au café de Suède ? Moi, j'y avais renoncé dans les derniers temps ; la bière est meilleure chez Grüber... et puis les joueurs de billard m'embêtaient... Je ne dis pas ça pour Hamburger... A propos d'Hamburger, vous ne savez pas ?... Canuche est venu me voir.

— Ah !

— Oui. Il m'a dit avec son accent méridional : *Eh bé ! tu té payes donc comme ça des inflammacillions ? tu né té refuses rien....* ce brave Canuche !... Mais il n'y a pas que lui qui soit venu ; cela a été pendant quelques jours une procession... à ce que m'a dit ma sœur... car on ne laissait pas toujours entrer ; vous comprenez... Jusqu'au baron Taylor, qui s'est inscrit ! Comme c'est flatteur, hein !

— Rien de plus naturel, vous n'avez que des amis, lui dis-je.

— Croyez-vous ? C'est égal, cela chatouille l'amour-propre. Songez donc ! un petit bonhomme comme moi, parti de tout en bas, un enfant de Paris ! A l'imprimerie Dubuisson, où j'ai commencé comme compositeur, on m'appelait *le tapir*, à cause de la longueur de mon nez ! Comme c'est déjà loin ! Vous dites donc que je suis un peu aimé ?... Vrai ?... Malgré le sucre que j'ai pu casser sur mes confrères ?... Allons, il y a encore de bons cœurs ! Je veux retourner au Café de Suède la semaine prochaine... la semaine prochaine, n'est-ce pas ? répéta-t-il en interrogeant sa sœur.

Celle-ci avait le dos tourné et son mouchoir sur la bouche.

— Oui, la semaine prochaine, me hâtai-je de dire ; mais vous vous fatiguez à parler...

— Non, mes paroles semblent couler comme de l'eau. Cela me soulage, au contraire. Je vois tout en clair, tout en gai. On dirait que j'ai un petit oiseau dans la tête. Que je vais donc être heureux de me remettre à vivre !

Sa gorge sifflait.

— Comme je vais faire de bonnes choses au théâtre ! Entre nous, je n'ai pas toujours été dans le vrai... à part deux ou trois créations... comme *Clavijo*... J'ai eu des idées, mais cela ne suffit pas. Mieux vaut se laisser aller tout simplement... Arnal, c'est encore le maître à tous... Je l'ai vu jouer avec des moustaches dessinées à l'encre de Chine ; il était plus nature que les autres. Ce que je ferai ne ressemblera en rien à ce que j'ai fait. Attendez-vous à du nouveau. Vous verrez! vous verrez!

Les pommettes de ses joues s'empourpraient.

Sa sœur joignit les mains et lui dit :

— Jules, je t'en prie...

— Laisse-moi !

— Tu te fais du mal...

— J'ai un rôle excellent dans la pièce que Delacour vient de terminer. Je le pioche tous les jours... et quelquefois la nuit.

— Comment? dis-je sans comprendre et en me tournant vers la sœur.

Mais, me devinant, il continua :

— Oui, mon rôle est sous mon oreiller; il ne me quitte pas. Trois cents lignes. C'est une figure à dessiner; on peut en faire quelque chose de très-bien. Je voudrais vous en donner une idée... Prenez-le... un petit cahier... là... L'avez-vous ?

— Oui.

— Maintenant, ouvrez-le. — Allez à la scène IV.

— La scène IV? répétai-je, ahuri.

— Donnez-moi la réplique.

— Tu n'y penses pas, Jules, murmura doucement la sœur en intervenant.

— Si... si... la réplique... *Si vous pouviez savoir, Ernest !...* Allez donc...

— Eh bien !... *Si vous pouviez savoir, Ernest.*

Il se souleva à demi, et son visage reprit pour un instant une de ses grimaces d'autrefois.

— A mon tour, dit-il... « Ernest ! De quoi ! de quoi ? Qui ça, Ernest ? Madame, vous m'affligez. Voulez-vous voir un homme affligé? Regardez-moi, madame... Je m'appelle Henri Botte... vingt-huit ans, onze mois, dix-sept jours, sans compter les heures et les minutes... organiste à Ba-ta-clan... membre de la Société des Aqua-fortistes... »

Pendant que je le regardais et que je l'écoutais, mon papier tremblait dans mes mains.

J'assistais à un spectacle effrayant : le cou nu, tendu de cordes raides, le malheureux comédien gesticulait...

L'expression extatique de son regard contrastait avec l'épouvantable dévastation de ses traits.

Il me criait :

— A vous, la seconde réplique :

« Monsieur, vous êtes un paltoquet ! »

Et je répétais machinalement :

Vous êtes... vous êtes un paltoquet.

— Moi, un palto...., s'écria-t-il.

La toux le prit.

— Assez ! lui dit sa sœur.

— Mon ami, cessez! fis-je à mon tour.

— Mais, non ! mais non ! balbutia-t-il ; c'est un effet comique, je tousse pour faire rire, pour couper le mot.... *Moi, un palto..*, comprenez donc... un paletot... c'est splendide ! irrésistible !

Je ne savais plus où j'en étais.

Sa sœur pleurait résolument.

Lui toussait et riait, en nous examinant.

Tout à coup, sa tête se renversa. Le sang qui était aux pommettes, disparut. Le drap eut des convulsions.

— Allez-vous en ! me dit sa sœur bouleversée.

— Non, murmura-t-il; non, je veux lui montrer... je veux...

— Monsieur, par pitié... partez!

— Regardez, poursuivait-il avec égarement; c'est comme cela que je... « Madame, je ne suis pas Ernest... je suis Henri... Henri Botte... »

— Partez, monsieur... mon pauvre frère! mon Dieu!

Je sortis, en chancelant.

Oh! les amuseurs!

UN HOMME QUI NE FERAIT PAS DE MAL

A UNE MOUCHE

Entre tous les types qu'il m'est arrivé de rencontrer, il en est peu de plus curieux que celui que je désignerai sous le nom de... *l'homme qui ne ferait pas de mal à une mouche...*

C'est vrai ! — L'idée seule d'écraser ou même de chasser avec le mouchoir un de ces insectes lui cause des frémissements singuliers. Dans un chemin, il se dérangera pour une chenille. Il est plein de sollicitude pour l'araignée, — et il défend qu'on tende des souricières dans son appartement. Digne cœur ! généreuse nature, vouée aux apitoiements et aux compassions !

Pourtant, ce même homme si tendre pour les mouches est de fer pour ses semblables. Dans ses relations avec eux se retrouvent tous les mauvais instincts, tous les durs sentiments. Enfant, il mordait jusqu'au sang le sein de sa nourrice. Plus tard, tête frisée et joue rose, il battait ses petits camarades et jetait de la boue aux passants. Jeune homme sans entraînement, sans folie, sans rêverie, sans noblesse, il a eu des amours qui ont été des fautes ou des hontes, et qui sont devenues des catastrophes.

Mais il détourne la tête lorsqu'il voit chasser aux papillons. — Son âme impressionnable se révolte à un tel tableau.

Homme, il s'est fait usurier. Il a vendu et acheté tout ce qui ne s'achète ni ne se vend. Autour de lui se sont écroulées des fortunes et des réputations ; il est demeuré impassible au milieu des ruines qu'il avait préparées. Il a vu des vieillards se rouler à ses genoux, les mains suppliantes, la poitrine sanglotante ; — il a vu des jeunes gens appuyer un pistolet sur leur front de vingt ans. Il a laissé pleurer ceux-là et mourir ceux-ci.

— Pourquoi tourmentez-vous ainsi cette pauvre bête ? Qu'est-ce qu'elle vous a fait ? — disait-il l'autre jour à des petits garçons qui avaient attaché un hanneton par la patte ; — seriez-vous bien aises que l'on en agît de la sorte avec vous ?

Epoux, il a brisé sur les épaules de sa

femme tous les gourdins de l'ancienne comédie et toutes les cravaches du drame nouveau. Père stupide, sans entrailles, ayant sur l'éducation les idées les plus farouches, se refusant aux moindres caresses, il fait trembler ses enfants, — qu'il châtie à tort et à travers.

En revanche, on le vante beaucoup pour s'être rué, la semaine dernière, en plein boulevard, contre un individu qui maltraitait un caniche.

O sensibilité !

Et dire que *l'homme qui ne ferait pas de mal à une mouche* est sincère, qu'il ne joue pas de rôle, qu'il obéit uniquement à son tempérament ! — Voilà ce qu'il y a de plus fort.

Franchement, j'aime encore mieux Domitien, qui tuait les hommes et qui n'épargnait pas les mouches. Il était complet, il était logique.

VI

TOUTE LA MAISON EST EN JOIE

I

Toute la maison est en joie, ce soir-là.

Ce ne sont qu'allées et venues dans l'escalier, où la lumière du gaz a été doublée.

Que voulez-vous ! on est dans la première semaine de l'année, semaine bruyante, semaine joyeuse, semaine des cadeaux, des visites et des réceptions.

Seuls, à un deuxième étage, dans une chambre faiblement éclairée, deux époux sont assis, tristes, devant un petit lit vide.

Ce jour, si gai pour tout le monde, est pour eux l'anniversaire de la mort de leur enfant.

Un petit garçon de huit ans, — charmant, cela va sans dire ; — tous ceux que l'on perd et que l'on aimait ne revêtent-ils pas la robe de poésie !

Le père et la mère sont là, immobiles, insensibles aux accords du piano qui résonnent sur leur tête, indifférents aux éclats de rire qui retentissent sous leurs pieds.

Ils regardent le petit lit vide.

C'était leur unique enfant; voilà pourquoi leur douleur est si profonde.

Ils ne pleurent pas cependant; ils ont, depuis un an, pleuré toutes les larmes de leur corps.

Ils en sont venus, tous les deux, au point de s'abîmer dans leurs souvenirs.

— Je le vois encore ! dit le père.

— Je le vois toujours ! dit la mère.

— Il me sourit comme à sa dernière heure, alors que ses pauvres petites lèvres étaient bleues comme des violettes.

— Il me regarde de ses grands yeux dilatés par la fièvre.

Et leurs regards ne peuvent se détacher du petit lit vide.

Toute la maison est en joie.

II

Ils se rappellent les douces caresses de l'enfant.

— C'était toi qu'il aimait le mieux, dit la mère au mari.

— Non, ma parole était quelquefois trop grave.

— Il t'écoutait avec respect.

— Oui, mais il t'embrassait avec amour.

Et le père ajoute :

— J'en aurais fait un homme, j'en suis certain ; je voulais élever son âme et son esprit, l'aguerrir pour les rudes combats avec la destinée ; je voulais le guider vers le ciel à travers la vie... Il a trouvé tout seul la route que je lui montrais ; il est parti devant nous qui le suivons encore des yeux.

A ces mots succède un moment de silence.

Un air de valse arrive aux oreilles des deux époux.

— C'est donc bien peu de chose que la mort d'un enfant! s'écrie la mère ; pauvre chéri ! le monde s'agite et bruit, comme si tu n'avais jamais existé ; les oiseaux continuent à chanter et les fleurs à éclore, comme si tu n'avais pas été toi-même un oiseau et une fleur.

— C'est la loi, murmure le père.

— Je le sais, répond-elle ; mais je ne suis qu'une femme, et je trouve la loi bien cruelle.

— Résigne-toi.

— Non, j'aime mieux souffrir.

Toute la maison est en joie.

III

— Si Dieu est bon, si Dieu est juste, reprend la mère, notre enfant doit être bien heureux dans le ciel !

— Dieu est bon, Dieu est juste et notre enfant est heureux, n'en doute pas.

— Plus heureux qu'avec nous? demande-t-elle avec une inquiétude jalouse qu'elle ne cherche pas à cacher.

Le père se tait.

— Tu ne réponds pas, dit-elle anxieuse.

— Son bonheur doit être sans bornes, comme le bonheur des anges.

— Et s'il nous avait oubliés ! s'écrie-t-elle ; oh ! cette idée serait affreuse !...

— Affreuse, en effet, répète le père ; mais tu ne le crois pas.

— Je crains tout, dit-elle à voix basse ; être oubliée de son enfant !

— Oh ! pas cela !

Puis, se recueillant, il prend la main de sa femme, et prononce ces paroles :

— Eh bien ! il faut, par nos prières, le forcer à se souvenir de nous.

— Tu as raison, prions !

Et tous deux s'agenouillent auprès du petit lit vide, dans la chambre faiblement éclairée.

Toute la maison est en joie.

VII

LE PEINTRE DE SAPEURS

Et moi aussi, je connais des peintres ! Je n'en connais pas un assez grand nombre. On n'a pas tous les bonheurs. Ceux que je connais sont des gens charmants, bien élevés, gais pour la plupart. Je me plais à leur conversation, qui est souvent spirituelle, et pleine d'aperçus inattendus, nouveaux, sur beaucoup de choses ; nouveaux pour moi, car ils ont l'air de s'entendre entre eux.

Au fond, je ne les crois pas portés d'une forte sympathie pour les écrivains, c'est-à-dire pour ceux d'entre les écrivains qui, à un moment donné, peuvent devenir leurs juges. Ils ont cela de commun avec les comédiens. En général, on n'aime pas l'homme qui, d'un trait de plume, peut exhausser ou rabaisser votre talent. Ce trait de plume, avant qu'il soit tracé, les laisse dans l'inquiétude ; — après qu'il est tracé, il les irrite, ou les engage à une reconnaissance gênante.

Leur pensée, qu'ils ne prennent pas toujours la peine de dissimuler, est que *nous ne nous y connaissons pas*. A cela, nous éprouvons plus d'embarras que de modestie pour répondre. Nos études, qui sont quelquefois supérieures à celles de nos justiciables, nos lectures, nos voyages, et par conséquent nos éléments de comparaison, nous mettent souvent à même de nous prononcer en tout état de cause. — N'importe, *nous ne nous y connaissons pas*, nous ne pouvons pas nous y connaître, du moment que nous nous avisons d'avoir une opinion à nous...

Ah! si nous nous contentions de tout approuver, de tout admirer, nous nous y connaîtrions peut-être.

Nous sommes pour les peintres une minorité troublante, tapageuse. Ils feignent de nous préférer la masse ignorante qu'ils appellent la masse naïve. Ils affirment que nos concierges nous sont supérieurs comme sentiment artistique. — La foule, le suffrage universel, voilà les mots qu'ils ont constamment à la bouche.

C'est une pose atroce.

Ils savent bien à quoi s'en tenir sur le jugement de la foule, pour peu qu'ils l'aient suivie au Salon, un jour d'entrée gratuite. Où la foule va-t-elle tout droit? Aux trompe-l'œil, aux imitations de dentelles et de velours, aux chaudrons miroitants, aux citrouilles colossales. — Devant quoi s'extasie-t-elle ? Devant les petits savoyards qui mangent un morceau de pain noir dans la neige blanche, devant un caniche quêtant pour son maître, devant le *Retour du soldat* et la *Fête de la bonne maman*. — Voilà où va la foule spontanément, naturellement, voilà les œuvres auxquelles elle ferait un succès si on la laissait faire... Et nous la laissons faire quelquefois, pour donner un exemple.

Et c'est cette foule dont vous invoquez l'instinct! C'est cette foule pour laquelle vous prétendez travailler!

Poseurs ! poseurs !

LE PEINTRE DE SAPEURS

Peinture à part, — les peintres sont les aimables garçons que j'ai dit. Il y a des ateliers très-intéressants, très-curieux, très-originaux, où il se fait autant d'esprit que de besogne, où il se débite autant de racontars qu'il se donne de coups de pinceau.

Chez le peintre B.., par exemple, l'autre jour, la conversation, après mille zigzags, était tombée sur le chapitre des commencements.

Un de nos jeunes maîtres parla ainsi :

— Les commencements ! dit-il, ils sont moins uniformes qu'on ne le suppose. S'il y en a de douloureux, il y en a aussi de grotesques, de superlativement grotesques... les miens par exemple. Tel membre de l'Institut avouera qu'il a commencé par peindre des enseignes ; — moi, j'ai commencé par tatouer des sapeurs.

Nous nous récriâmes.

— *Tatouer des sapeurs !*

— Invraisemblance !

— Extravagance !

— Indécence !

Il continua :

— De vrais sapeurs... Vous savez peut-être, ou vous ne savez pas, que j'ai été deux ans soldat. Mettons que vous ne le savez pas. En 1844, j'étais à Bordeaux, à la caserne des Fossés. Je ne peignais pas encore, je barbouillais. Je faisais le portrait des camarades pour un petit écu.... avec une lettre au pays, par-dessus le marché. A vrai dire, c'était toujours le même portrait, une main sur le sabre et le numéro du régiment sur chaque bouton. Je finis par acquérir une dextérité prodigieuse dans ce métier. Les jours sans pratique, j'en préparais une certaine quantité ; c'est-à-dire, j'établissais le corps, la main, le sabre. Je ne laissais que la place de la tête, réservée au premier qui se présenterait.

Un matin que je me livrais avec fougue à cet exercice, un sapeur vint se placer derrière moi et me regarda faire en silence.

Au bout de quelques minutes, il me dit gravement :

— Vous, savez-vous que vous avez un joli talent, tout de même ?

— Croyez-vous, sapeur ? prononçai-je, flatté.

— Je vous le dis.

Il se tut encore, et reprit avec la même gravité :

— Ecoutez-moi.

— Je vous écoute, sapeur.

— Petit, vous sentez-vous capable, en tenant compte de l'avantage, de me faire une hache là-dessus?

Là-dessus était son bras qu'il me montra, déjà couvert de coloriages sans nombre.

— Dame! répondis-je, je n'ai pas jusqu'à présent travaillé sur peau humaine.

— Rien de plus simple.

— Voyons, sapeur.

— Vous exécutez d'abord votre dessin à l'encre de Chine; c'est ce qui tient le mieux. Ensuite, vous prenez trois aiguilles à perles, vous les attachez ensemble, et vous repassez votre dessin en piquant le bras.

— Si c'est comme cela, sapeur, j'essaierai.

— Alors, je vais chercher un camarade; attendez-moi.

Pourquoi un camarade?
Je le sus cinq minutes après.

Le camarade comprimait le poignet du sapeur, ce qui servait à gonfler le bras.

L'opération dura plus d'une demi-heure ; j'en vins à bout cependant, à mon honneur. La hache était vivante ; — je le crois bien, elle suait le sang !

Mon triomphe ne fut pas de longue durée. Le surlendemain, le caporal m'apostropha par ces paroles ironiques :

— Il paraît que vous allez bien, vous ! Je vous en fais mon compliment..... Allons, suivez-moi !

— Où cela ?

— Chez le major. Venez, il veut vous parler. Votre affaire est bonne.

Ce major, je le vois encore, je le verrai toujours, gros comme tous les majors, rouge comme tous les majors, sanglé comme tous les majors, feignant l'irritation comme tous les majors.

— C'est donc vous, me dit-il rudement, qui avez abîmé la plus belle barbe du régiment?

— Moi, major?

— Le sapeur Hauchecorne est, grâce à vous, depuis ce matin à l'hôpital.

Je baissai le nez.

— Il a le bras enflé comme la cuisse. Qu'est-ce que vous vous êtes imaginé de lui faire? Il faut que vous ayez le diable quelque part, il n'y a pas de bon sens possible !

— Major... balbutiai-je.

— De quel pays êtes-vous?

— De Paris, major.

— Ça se voit bien. C'est là que vous avez appris à fabriquer de ces imbécillités-là. Vous avez été sans doute dans les prisons?

— Jamais, major!

— Je vous dis que si.

— Mais, major, je vous assure...

— Je vous dis que si ! Ce n'est que dans les prisons que ça s'apprend. Huit jours de salle de police.

Et il me tourna le dos.

Le sapeur Hauchecorne guérit.

Désormais ma réputation était faite au régiment. Tous les sapeurs m'arrivèrent à la file et, non-seulement les sapeurs, mais tout le monde.

Je tatouais indifféremment celui-ci, celui-là. J'avais reconnu qu'il était inutile de gonfler le bras. Je faisais des cœurs entrelacés, des drapeaux, des emblèmes, des grenades, des oiseaux, des flèches, des flammes, des fleurs, des inscriptions, — des inscriptions surtout, où l'âme de ces guerriers se révélait tout entière.

L'un, sensible et laconique, faisait graver ces deux noms : *Pierre et Marie.*

Un autre, dévoré du plus pur patriotisme : *Vivent les bons Français !*

Il y en eut un, d'un lyrisme plus compliqué que celui de ses confrères, qui me dicta ce qu'il appelait deux vers :

> J'aime à carosser ma maîtresse
> En lisant le *Magasin pittoresque.*

Hauchecorne, l'incorrigible Hauchecorne, revint un jour. Il revint avec un marin dont il avait fait la connaissance sur le port, un marin de *la Belle Euphrasie* qui portait dans le dos, sous sa vareuse, un magnifique soleil peint en jaune. Hauchecorne voulait un soleil comme son nouvel ami.

Je tâchai de résister, en lui rappelant notre mésaventure de la hache. Il me répondit qu'il n'y avait aucun danger.

Qu'auriez-vous fait à ma place?

Le sapeur eut son soleil dans le dos, comme il avait eu sa hache sur le bras.

Mais ce fut mon dernier tatouage. Six mois après j'entrai, à Paris, dans l'atelier de Léon Cogniet.

VIII

LES TROIS MONOLOGUES DU MARI

I

AVANT

Julie vient de me dire, pour la deuxième fois depuis hier, que je l'ennuyais. J'ennuie ma femme. Voilà qui est incompréhensible. Il faudra que j'en parle à mon ami Miramont, qui est un homme de bon conseil. Mais pourquoi Miramont n'est-il pas venu chez nous cette semaine, lui qui aime tant nos petites soirées du dimanche, et qui, jusqu'à présent, avait tant de plaisir à partager notre modeste dîner du mardi?

Je serais désolé que Miramont fût malade.

J'irai demain chez Miramont. Aussi bien, les nouvelles façons de ma femme vis-à-vis de moi me donnent du souci, et je veux le consulter à ce sujet. Il a vécu. C'est un gaillard. A nous deux, nous pourrons peut-être arriver à savoir la vérité sur le cas de Julie.

Il est d'autant plus surprenant que ma femme trouve que je l'ennuie, que depuis quelque temps ma conduite avec elle est celle d'un véritable trouvère. J'ai fait remettre à neuf les meubles du salon. Je l'ai menée deux fois en trois semaines à l'Opéra-Comique, mon théâtre favori. Enfin, je lui ai acheté l'*Histoire de l'Inquisition* en quatre volumes, superbement reliés. Ayez donc des prévenances !

Miramont me l'avait bien dit, il y a deux ans : « Tu te maries ; cela te regarde ; peut-être fais-tu bien, peut-être fais-tu mal. » Il avait raison, j'ai eu tort de ne pas l'écouter.

Ce n'est pas que je me repente d'avoir épousé Julie. Non, je ne veux pas dire cela. Julie en vaut bien d'autres, certainement. Elle a été élevée chez les dames Sambin : elle sait ce que c'est qu'un ménage ; le fond est bon chez elle. Mais Julie n'a peut-être pas tout ce qu'il faut pour faire le bonheur d'un mari.

Je ne parle pas de son visage, qui est digne du pinceau d'Horace Vernet. Sous ce rapport, Julie est infiniment mieux que moi, j'en conviens. Mais la beauté passe, et un homme se conserve beaucoup plus longtemps qu'une femme ; c'est reconnu.

Mes griefs portent sur un point moins futile ; je crois m'être aperçu que Julie manquait de sensibilité. Je comprends tout ; mais le manque de sensibilité, je ne le comprends pas. C'est plus fort que moi. Je le disais encore, l'autre jour, à Miramont.

Au fond, je n'exige pas que tout le monde ait mes goûts poétiques ; il ne faut pas se singulariser non plus. Mais il y a un juste milieu dans tout. Or, il me revient à la mémoire bien des petites circonstances où Julie m'a presque fait douter de son intelligence. — Hier, par exemple, qu'a-t-elle ressenti à la représentation de *Fra Diavolo ?* Rien, absolument rien.

Les grands spectacles de la nature ne l'impressionnent pas davantage. Je lui faisais remarquer, un soir, en passant sur la place de la Concorde, les étoiles qui brillaient au firmament, et je m'écriais, en lui pressant le bras : « Dire que tout cela, c'est autant de mondes comme le nôtre ! Est-ce que cela ne te paraît pas incompréhensible, ma Julie?... Quelle main mystérieuse a donc jeté ces globes lumineux dans l'espace? »

Julie me répondit qu'elle avait froid et que nous étions encore bien loin de chez nous. — C'est funeste. Le ciel m'a donné une âme aimante, et l'on ne se refait pas. Si Julie n'apprécie pas ma tendresse, je vais devenir bien malheureux.

Allons trouver Miramont.

II

PENDANT

J'étais absurde. Julie ne m'a jamais tant aimé que maintenant. Je n'ennuie pas Julie, au contraire.

La belle journée que nous venons de passer chez Miramont, à sa maison de campagne de La Celle-Saint-Cloud, et comme je m'en souviendrai longtemps! Dire cependant que j'avais voulu emporter un parapluie, en partant! C'est ma femme qui m'en a empêché.

Nous avons eu un temps superbe, depuis dix heures du matin jusqu'à minuit. Ah! la récolte de cette année s'en ressentira! L'adjoint au maire de La Celle-Saint-Cloud, à qui Miramont a eu l'amabilité de me présenter, est entièrement de mon avis sur ce point. J'ai rarement vu un homme, je ne dirai pas plus spirituel, mais plus cordial que cet adjoint. Il a tenu à me faire visiter en détail sa propriété et à m'expliquer la plupart des améliorations qu'il a introduites dans l'agriculture. Eh bien ! quoique l'agriculture ne soit pas ma partie, j'ai parfaitement saisi son raisonnement, et je suis convaincu, comme lui, que le gouvernement aurait tout à gagner en adoptant ses idées.

Pendant ma conversation avec l'adjoint, Julie, toujours prévenante, a cherché le moyen de me procurer une surprise de mon goût. Elle sait que j'adore les fraises dans de la crème, — mais pas votre crème de Paris, où il entre toujours un tiers d'eau. Julie s'est donné la peine de faire environ une lieue, avec Miramont, pour me procurer de la crème pure, de la vraie crème. Aussi comme elle était rouge, au retour !

Le dîner a été superfin. Je ne répondrais pas de ne m'être pas laissé entraîner plus loin que d'ordinaire par un petit vin de Mercurey, que je reconnaîtrai à l'avenir. Une fois n'est pas coutume. J'étais si heureux entre ma femme et mon ami ! Après le dîner, on se promena encore dans le jardin, à la fraîcheur. L'adjoint avait pris le bras de Miramont ; nous marchions derrière eux, Julie et moi, à une distance de trente pas. Tout à coup, elle me serra les mains, et, fondant en larmes, elle me dit :

— Pardonne-moi !

Cher ange ! Je n'avais rien à lui pardonner. Je l'embrassai affectueusement, en essayant de la calmer. Mais elle était tourmentée par ses nerfs, et jusqu'à notre retour à Paris il me fut impossible de tirer une parole d'elle.

La belle journée!

III

APRÈS

Trompé! — Qui s'y serait attendu? Miramont voyait juste lorsqu'il me disait : « Les femmes, c'est tout l'un ou tout l'autre. » Ah! Julie!

Je n'ai pas reconnu l'homme. C'est tant mieux, sans doute. Dieu aura voulu le sauver. Comme cela, du moins, je n'ai pas la mémoire obsédée par des traits haïssables. Ah! Julie!

Hélas ! je n'étais pas préparé à ce malheur. Là, sur ma tête, j'ai un poids. En me rencontrant dans l'escalier, tout à l'heure, madame Pierre m'a dit que je devrais me faire saigner. Me faire saigner, elle a raison ; mais je ne veux rien, je n'ai besoin de rien. Ah ! Julie !

Fallait-il donc que cela arrivât ? Je n'ai véritablement pas de chance. Enfant, j'osais à peine lever les yeux sur les femmes ; dès qu'il s'en présentait une au salon, je rougissais et j'allais me cacher derrière l'armoire ; personne ne pouvait plus me faire sortir de là. C'était un pressentiment ; je devinais déjà tout ce que j'aurais à souffrir par ce sexe. Ah ! Julie !

Je n'ai jamais eu de maîtresses, moi. J'ai voulu me conserver pur pour la femme que j'épouserais et que m'aurait choisie ma mère.

Elle n'a pas eu la main heureuse, ma mère !
Qu'est-ce que je vais faire à présent ? Je ne
suis pas né pour de grandes choses ; je suis
un petit esprit, je n'avais d'instinct que pour
aimer Julie et lui rendre la vie facile. Me
voilà bien avancé. Ah ! Julie !

Mon testament est fait. Je recommande à
Miramont de veiller sur elle et de ne jamais
la perdre absolument de vue, à moins qu'elle
ne s'obstine à descendre trop bas. C'est un
dernier service qu'il ne peut pas me refuser.
Bon Miramont ! lui seul m'a aimé, lui seul
me regrettera. Ah ! Julie ! (*Il se brûle la cervelle.*)

IX

LETTRES A MA VOISINE

I

Ma chère voisine,

Je ne suis pas content de vous.

Non, pas content, en vérité !

Malgré le mur épais qui sépare votre chambre de mon cabinet de travail, hier je vous ai entendue battre votre enfant, — votre petit enfant de six ans.

Il criait et sanglotait à fendre l'âme ; et votre voix ne cessait de gronder.

— Tu vas te taire, lui disiez-vous ; tu vas te taire tout de suite, ou je recommence !...

O voisine illogique ! l'empêcher de pleurer après l'avoir battu !

Quel délit avait donc commis ce pauvre amour, qui, chaque fois qu'il me rencontre, me dit bonjour avec une mine si drôle et si gaie ?

— Bonjour, m'sieur !

— Bonjour, mon ami.

Et ce joyeux sourire me rend plus allègre...

— Lui, un amour, — allez-vous me répondre ; — on voit bien, monsieur, que vous n'êtes pas condamné comme moi à l'avoir toute la sainte journée à côté de vous ? Un démon plutôt ! un fléau ! Il est joli, c'est vrai ;

mais vous ne sauriez croire toute la méchanceté qu'il y a dans ce petit corps. Il ne sait quoi s'imaginer pour faire le supplice de sa mère ; on n'en peut venir à bout qu'avec des coups !

Alors, n'en venez pas à bout, voisine.

Soyez sévère autant que vous aurez le courage de l'être ; étudiez-vous à l'autorité du regard et du geste ; mais, arrêtez-vous là.

Traitez-le comme un petit malade, — qu'il est peut-être.

Et puis, laissez faire le temps et la Providence. Tout est ressource dans l'enfant.

Il faut, à ce sujet, que je vous raconte l'histoire d'une mère qui battait son fils.

Cette mère était, comme vous, voisine, la femme d'un honnête artisan. Elle était brave et laborieuse, absolument comme vous. Elle avait un garçon de cinq ou six ans — endiablé comme le vôtre. Ils sont tous les mêmes, c'est convenu, obstinés, insolents, cruels...

Un jour qu'il l'avait exaspérée plus que de coutume, — à bout de remontrances et de menaces, la mère se précipita sur lui, l'enleva de terre, et le laissa retomber brusquement.

L'enfant se cassa une jambe.

Vous vous imaginez, voisine, l'effarement et la douleur de cette mère.

Son mari rentra sur ces entrefaites... S'il n'y eut pas un second malheur, c'est que Dieu sans doute détourna son bras.

Le pauvre petit a vécu, mais la jambe n'a pu être complétement remise. Il est resté boiteux ; — et pendant quelque temps, on l'a vu saisi d'un tremblement nerveux chaque fois que sa mère l'appelait. Vainement prenait-elle sa voix la plus tendre, il pâlissait de peur, ou tombait à genoux en demandant pardon, — car il se souvenait.

Et c'était alors au tour de la mère à fondre en sanglots!...

Mais l'enfance n'a pas de longues rancunes. Il a grandi et il a oublié.

Le père et la mère sont, ainsi que je vous l'ai dit, des artisans. Ils vont souvent le dimanche, dans la belle saison, se promener aux environs de Paris, à Saint-Ouen ou à Saint-Denis.

L'enfant va devant eux : il s'aide d'une petite béquille pour marcher, — et il trouve encore le moyen de sauter, de revenir sur ses pas, de se baisser, et de se relever en poussant de joyeux éclats, et en montrant à ses parents une figure éclairée de plaisir.

Mais les parents demeurent tristes et muets.

Voisine ! voisine ! promettez-moi de ne plus battre votre petit enfant.

Votre voisin tout dévoué.

II

Ma chère voisine,

Je vous ai rencontrée dans l'escalier, les yeux rouges ; et, comme j'allais vous interroger, vous êtes passée rapidement devant moi, en vous écriant : « Ah ! je voudrais être morte ! »

Je me suis rappelé que, la veille au soir, j'avais entendu du bruit dans votre appartement, — comme quelqu'un qui rudoie et comme quelqu'un qui sanglote, la voix de votre mari et la vôtre, ma pauvre voisine. Je m'explique alors votre exclamation dans l'escalier, — mais je ne la comprends pas.

Vous voudriez être morte !

Ah ! je le sais, ce cri échappe fréquemment à beaucoup d'entre vous, honnêtes femmes ; il retentit à la fois dans beaucoup de mansardes et dans beaucoup d'ateliers, sur beaucoup de grands chemins ; il est l'écho de la douleur et de la misère ; il est le vœu-blasphème qui monte incessamment vers le ciel.

Vous voudriez être morte ? — Vous n'êtes pas dégoûtée !

Vous voudriez le repos éternel, le calme sans fin.

Vous ne savez donc pas que le repos s'achète par l'agitation et par le travail ; que la mort veut être méritée ?

Mais je suis certain, ma voisine, qu'à

l'heure qu'il est, vous avez oublié vos paroles impies.

On ne peut pas souhaiter de mourir, quand on est mère de deux beaux petits enfants comme les vôtres.

Moi qui vous écris, j'ai connu une brave femme comme vous, — plus malheureuse que vous, sans contredit, — ayant une plus lourde charge de devoirs. A elle comme à vous, il lui arrivait souvent, après un orage conjugal, de faiblir sous un fardeau et de demander grâce et merci à Dieu; — souvent, au milieu de la nuit, excédée de travail, elle se sentait gagnée par la désespérance comme par une marée; l'aiguille tombait de ses doigts engourdis, et elle se surprenait, ainsi que vous, à rêver un abri dans la mort.

Alors, que faisait-elle ?

Je vais vous le dire.

Elle allait à sa commode et elle y prenait un petit papier dans un coffret.

Voici ce qu'il y avait écrit sur ce papier.

MES MOTIFS POUR VIVRE

« Je dois vivre pour veiller sur mon mari, que ma douceur finira par corriger ;

» Pour assurer l'avenir de Paul et de Marie, ces deux innocents ;

» Je dois vivre pour tous ceux qui m'aiment et qui se sont fait une habitude de mon existence, — entre autres la vieille Annette et l'oncle Cazeaux :

» Je dois vivre, afin de ne pas donner raison à mon ancienne amie Berthe, qui voulait me détourner de l'honnêteté ;

» Je dois vivre enfin, pour suivre l'exemple de ma mère, qui est allée jusqu'au bout, le front haut, malgré les catastrophes et les deuils. »

Et lorsqu'elle avait relu ce papier, la femme dont je parle se sentait l'âme raffermie.

Elle essuyait ses yeux et reprenait son aiguille, soumise, résignée.

C'est un programme semblable qu'il vous faut, ma chère voisine, et qu'il faudrait à bien des mères et à bien des épouses. En le consultant aux heures de défaillance, en l'ayant toujours à votre portée, vous reviendrez plus forte, plus dévouée, vous cesserez de demander à la mort un refuge égoïste.

Sur ce, embrassez vos enfants, voisine, et croyez à l'affection sincère de votre voisin.

III

Ma chère voisine,

Vous me demandez un conseil. Vous m'interrogez sur le nom qu'il convient de donner à l'enfant *que vous portez dans votre sein*. Drôle d'idée !

Mais vous prenez la précaution de m'avertir que votre intention est de l'appeler Berthe ou Blanche, si c'est une fille ; — Georges ou Gontran, si c'est un garçon. Dès lors, voisine, ce n'est plus un conseil que vous attendez de moi, c'est mon avis tout simplement.

Avant de vous le donner avec franchise, laissez-moi vous demander à mon tour pourquoi vous avez choisi ces noms.

— Parce que ce sont des noms à la mode, me répondez-vous.

Et puis encore :

— Parce que ce sont des noms distingués.

Des noms à la mode, des noms distingués, cela mérite attention, sans contredit. En effet, je me souviens maintenant que la jolie petite fille de la dame du premier étage, dans ma maison, s'appelle Berthe, — et que Georges est le nom du fils de la notairesse d'en face. Je me rappelle également, à présent que vous m'avez mis sur la voie, une multitude de Gontran et une myriade de Blanche. C'est vrai, madame, il n'y a que de cela. Et je comprends qu'en votre qualité de femme vous ne puissiez faire autrement que de suivre la mode.

La Révolution et le Directoire avaient amené la mode des noms grecs et latins. L'état civil ne fut occupé, pendant plusieurs années, qu'à enregistrer des Alexandre, des Hector, des Aristide, des Scipion, des Alcée, des Philarète, des Anacharsis, — et même des Anténor.

Ensuite, sous l'Empire, la traduction d'Ossian fit surgir les Oscar et les Alfred, accompagnés des Malvina et des Irma, — une Scandinavie tout entière. Cette mode se perpétua sous le règne de M. Scribe, renforcée du calendrier troubadour; c'est de cette époque que datent Arthur, Ernest, Edgard, Raoul, Albéric, Théobald, tous ménestrels, tous nés au son de la mandore. De ceux-ci il en reste encore une quantité raisonnable.

Mais voyez, ma chère voisine, vous ne pouvez vous empêcher de sourire lorsqu'un vieux bonhomme en bonnet de soie noire vous avoue qu'il s'appelle Arthur. Et quelles gorges chaudes ne feriez-vous pas s'il vous était donné de lire sur l'extrait de baptême de votre portière ce nom empreint de toutes les séductions mythologiques : Euphrosiné !

Pourtant Arthur et Euphrosine ont été des noms à la mode, des prénoms distingués. Mais la mode a passé, comme c'est sa coutume. La distinction s'est déplacée. — O distinction ! que d'inepties on cherche à glisser sous ton manteau !

Que sont devenus ces prénoms de nos ancêtres, prénoms si variés, si sonores et si simples ? On ne s'appelle donc plus Bernard, Denis, Vincent, Hubert, Dominique, Germain, Gaspard, Claude ? On ne s'appelle donc plus Geneviève, Françoise, Isabelle, Marianne, Claire ? — Ces saintes et ces saints ont donc été décrétés définitivement de vulgarité, de prosaïsme ?

Vous devez en être informée mieux que moi, madame, car vous fréquentez sans doute plus de mères ; et vous n'avez, en vérité, aucun besoin de mon avis.

Appelez votre fils Gontran.

Appelez votre fille Berthe.

Vous ferez très-bien puisque vous ferez comme les autres. Qui sait ? Cela sera peut-être joli, la société future, alors qu'il n'y aura plus que quatre ou cinq noms pour tout le le monde. Gare cependant aux inconvénients !

Autrefois, tous les petits chiens s'appelaient Médor...

Mais c'est là une historiette que vous pourriez trouver malséante dans les circonstances actuelles, ma chère voisine, et j'attendrai pour vous la raconter que vous me demandiez une nouvelle consultation.

Jusque-là, croyez-moi votre bien dévoué serviteur.

IV

Ma chère voisine,

Je vous ai vue entrer aujourd'hui chez le pharmacien.

D'abord j'en ai conçu quelque inquiétude.

Mais votre air était riant, votre démarche légère. Vraisemblablement, vous alliez acheter quelque sirop agréable ou quelques pastilles parfumées.

La pharmacie G... ne voit pas tous les jours d'aussi gais visages que le vôtre, — ma chère voisine.

Il s'y passe quelquefois des scènes douloureuses, dont j'ai été témoin l'autre jour, et que je vous demande la permission de vous raconter.

La pharmacie G... est une des plus belles pharmacies de Paris.

D'abord elle est située dans un quartier central, c'est-à-dire à proximité de tous les accidents. Elle est grande, elle est spacieuse ; ses vitrines étalent des choses bizarres à l'esprit-de-vin. — A l'intérieur, elle est décorée avec un goût sévère : des urnes autour desquelles s'enroulent des serpents ; des bustes verts d'Esculape ou de Galien ; des sphinx en cuivre soutenant les comptoirs ; le mot : *Laboratoire*, au-dessus d'une porte.

Expliquez cela comme vous voudrez, voisine, mais les pharmacies ont toujours eu de l'attrait pour moi par leur aspect méthodique et par leur atmosphère exceptionnelle.

De ces poudres, de ces minéraux, de ces

racines, de ces plantes, de ces herbes, de ces fleurs desséchées, de ces onguents, de ces pâtes, de ces élixirs se dégage une odeur qui me plaît singulièrement, et au milieu de laquelle, il me semble, j'aimerais à vivre.

Tout à coup, pendant que j'étais à examiner tous ces bocaux, si pareils de forme et si différents de contenu, — une femme pousse violemment la porte du magasin ; elle entre.

Elle n'a pas la force de parler ; tous ses traits sont convulsés. Elle ne peut que tendre au pharmacien une ordonnance qui tremble entre ses doigts.

Son mari vient de se fendre la tête, ou peu s'en faut. Il est là, chez elle, étendu sur son lit, sans connaissance. Le médecin, appelé en toute hâte, a rapidement tracé quelques lignes sur un papier... C'est ce papier que déplie gravement le pharmacien, — car un pharmacien ne doit jamais cesser d'être grave ; — c'est ce papier qu'il déchiffre lentement, posément, car un pharmacien doit, avant tout, bien se pénétrer des termes d'une ordonnance.

Lorsqu'il a fini de lire, il dit à la femme :

— Veuillez vous asseoir.

S'asseoir ! s'asseoir !

— Mais, monsieur, s'écrie-t-elle, vous ne comprenez donc pas ? Mon mari court le plus grand danger ! Donnez-moi vite ce qu'il lui faut ! vite !

— C'est l'affaire d'un instant... Veuillez vous asseoir.

La pauvre femme se laisse tomber sur une chaise, les bras sans ressort, les yeux sans regard.

Pendant ce temps, le pharmacien s'est mis à l'œuvre.

Il choisit une petite bouteille, la pose dans un des plateaux de la jolie et brillante balance placée devant lui. Il se dirige vers la bibliothèque des bocaux; il en attire un, et verse quelques gouttes de son contenu dans la petite bouteille. Il pèse encore, et ajoute d'un autre bocal, — tout cela avec le soin et la méthode recommandés par le Codex.

De temps en temps la femme se lève par un brusque soubresaut. Elle voit son mari pâle sous le sang, et elle se tourne vers le pharmacien en joignant les mains :

— Oh ! monsieur ! monsieur !

— Patience...

— Mon pauvre mari !

— Voilà qui est bientôt fait, madame.

Disant cela, le pharmacien bouche hermétiquement la petite bouteille, enfin remplie. Il prend dans un tiroir un morceau de papier vert, dont il entoure et coiffe le bouchon, en le plissant comme une collerette. Il l'assujettit avec une ficelle rouge, et achève de le rogner avec des ciseaux.

Ensuite, présentant un bâton de cire à la bougie, il en laisse tomber une parcelle enflammée, avec laquelle il fixe la ficelle au sommet du bouchon.

— Oh ! monsieur !

Ce n'est pas tout.

Il s'agit maintenant de tailler une étiquette et de la coller avec un pinceau sur le flacon ; puis, d'écrire en belles lettres sur cette étiquette blanche le numéro de l'ordonnance, le nom de la potion, sans oublier l'indication : « Agiter avant de s'en servir. »

— Monsieur... monsieur !

— J'ai fini, madame.

En effet, après avoir accompli toutes ces

indispensables formalités, le pharmacien roule le flacon dans un dernier papier et le présente délicatement à la femme.

— Combien ? combien ? balbutie-t-elle en agitant fébrilement sa main dans la poche de sa robe.

— Passez au comptoir.

Au comptoir, trône le propriétaire de la pharmacie, majestueux, qui a l'air de sortir d'un rêve, et qui retient encore pendant trois minutes la pauvre femme.

Enfin, il lui donne sa monnaie.

Elle se précipite alors vers le seuil, où elle rencontre le commis, qui l'a devancée, et qui lui ouvre poliment la porte, une porte ornée d'une sonnette au gai carillon.

Telle est la scène dont le hasard m'a rendu témoin l'autre jour, ma chère voisine.

Le ciel vous garde d'aller jamais chercher dans la pharmacie G... autre chose que du sirop agréable ou des pastilles parfumées !

Votre voisin respectueux et dévoué.

X

MON SECRÉTAIRE

— Décidément, m'écriai-je un jour, il y a de cela plusieurs années, il faut que je prenne un secrétaire !... Si Paul Féval et Turpin de Sansay nagent dans l'opulence, c'est qu'ils ont chacun un secrétaire. Lorsqu'ils sont las d'écrire, ils dictent, et Dieu sait la besogne qu'on peut abattre en dictant. Ayons un secrétaire.

Justement je connaissais un brave garçon en quête d'un emploi.

— Combien désireriez-vous gagner par mois? lui demandai-je.

— Avec cent cinquante francs, je me déclarerais satisfait, dit-il.

— Très-bien, je vous les accorde ; vous êtes mon secrétaire. Venez demain.

— Demain matin ?

Je réfléchis.

— Non... pas de zèle... Demain, à trois heures de l'après-midi.

A trois heures il vint, en effet ; j'avais écrit toute la matinée, j'étais un peu las, mes nerfs avaient besoin de se détendre.

— Ma foi, lui dis-je, si cela vous est égal, nous ne travaillerons pas aujourd'hui.

— Comme vous voudrez, fit-il.

— Mais demain, ajoutai-je, oh ! demain, nous nous en donnerons à cœur joie, je vous en avertis. Préparez-vous !

Le lendemain, il fut exact, très-exact. Il se frottait les mains à l'idée d'une séance laborieuse ; il avait apporté des plumes neuves, des manches en lustrine.

Il me trouva soucieux.

— Singulière machine que le cerveau humain ! grommelai-je.

— À qui en avez-vous ? me demanda-t-il.

— À moi-même. Croiriez-vous qu'il m'a été impossible aujourd'hui de travailler ?

— Bah !

— Absolument impossible.

— Essayez à présent, dit-il.

— Non.

— Une heure ou deux seulement.

— Non, répétai-je ; ma journée est con-

damnée ; je sens que ne ferais rien de bon...
Tenez ! venez, dîner avec moi ; le dîner me
donnera peut-être des idées, et alors nous
verrons à travailler ce soir.

— Va pour ce soir.

Et j'emmenai mon secrétaire au restaurant.

Le dîner terminé, grâce aux légères excitations du médoc et du café, j'aurais pu donner quelques heures au travail ; mais il n'en était pas de même de mon secrétaire. Le peu d'habitude qu'il avait de la bonne chère l'avait rendu absolument incapable de me seconder.

Je fus obligé de le reconduire à son domicile.

Le jour suivant était un vendredi ; sans

être absolument superstitieux, je ne voulus pas inaugurer mes dictées un vendredi.

Il fallait cependant me décider à utiliser mon secrétaire.

Au bout de quelques jours, je l'installai à une table, le dos tourné, moi allant et venant dans la chambre, parlant haut, m'arrêtant parfois pour attendre l'inspiration,

L'inspiration ! elle ne répondait pas toujours à mon appel ; les mots étaient lents à arriver. Je demeurais souvent la bouche ouverte pendant des minutes, avec la conviction d'être parfaitement ridicule.

— Allons, y sommes-nous ? répétais-je pour la vingtième fois.

— Oui, monsieur.

— « Par une belle matinée de printemps de l'année 1720... » Non, effacez.

— J'efface.

— « Celui qui se serait promené, un beau matin du printemps de l'année 1720, dans la jolie ville de Harlem, aurait été frappé sans doute par... »

— Par ?

— Attendez... Non, effacez.

— Encore ?

— Oui.

Puis je recommençais les cent pas dans ma chambre.

— Qu'est-ce que doit penser de moi mon secrétaire ? me disais-je en le regardant du coin de l'œil pendant qu'il *attendait* avec résignation, la plume en l'air ; il me prend sans doute pour un imbécile ; il suppose avec raison que je ne sais pas mon métier.

Peu à peu, cette préoccupation acquit des proportions agaçantes.

Bien que je ne visse pas sa figure, cet homme me gênait ; j'éprouvais comme une sorte de pudeur à l'initier aux mystères de ma pensée, aux hésitations de mon cerveau.

J'oubliais quelquefois la phrase commencée pour examiner son collet d'habit, ses cheveux ; je me demandais quelles étaient ses sensations, son passé ; je m'égarais à reconstituer le roman de sa vie.

Puis, me réveillant comme au sortir d'un rêve, je le priais de me relire ce que je lui avais dicté.

— Volontiers, monsieur.

Et il me lisait quelque chose dans ce goût :

« Carmen avait incliné sa belle tête sur l'épaule du duc de Sotomayor ; ses longs doigts effilés et transparents jouaient avec les boucles grisonnantes du noble hidalgo... »

Pendant cette lecture, il m'arrivait parfois

de me couvrir la figure de mes deux mains ou
de m'enfuir plein de honte.

Lui, mon secrétaire, paraissait ne pas s'apercevoir de mes lubies. Une fois, il me dit en souriant :

— Oh ! je sais ce que c'est, allez !

— Comment ! vous savez ce que...

— Oui, oui, j'ai déjà été secrétaire d'un homme de lettres.

— Ah ! fis-je en dressant l'oreille ; et de quel homme de lettres ?

— De M. Delphin Loreillon.

— Connais pas.

— C'était pourtant un auteur d'un grand talent, ajouta gravement mon secrétaire.

Je me tus. L'idée que mon secrétaire me comparait quotidiennement à M. Delphin Loreillon, et que cette comparaison pouvait être désobligeante pour moi, — cette idée me rendit soucieux tout le reste du jour.

A partir de ce moment, je me sentais troublé par des réflexions du genre de celle-ci :

— Delphin Loreillon avait le travail plus facile que moi.

Ou bien :

— Delphin Loreillon se serait-il servi de cette expression-là ?

Bref, mon secrétaire finit par me devenir insupportable, et je me mis insensiblement à l'éviter.

Tantôt, je lui envoyais un billet ainsi conçu : « Je suis obligé de sortir, ne venez pas. »

Tantôt, je faisais dire par la domestique que j'étais absent.

Une fois, je n'eus que le temps de me jeter dans un placard, comme il arrivait.

Enfin, las de cette dépendance que je m'étais créée, un beau jour je songeai que je n'avais pas encore visité le Val d'Andorre, — à mon âge, — et je quittai Paris furtivement.

Je restai absent trois mois.

A mon retour, j'appris que mon secrétaire était entré dans une grande administration.

C'est le seul secrétaire que j'aie eu de ma vie.

Je n'en aurai jamais d'autre.

XI

LES PRÉTEXTES

Dans l'Encyclopédie de l'avenir, je demande à écrire l'article sur le mot *prétexte*, — qui est un des mots de la langue française que j'ai le plus étudiés.

Je diviserai mon article en quatre ou cinq petits monologues comme ceux-ci :

I

LE PRÉTEXTE DU JOUEUR

O dieux! Dieux grands! je vous atteste et je vous prends à témoin! Je ne jouerai plus, je ne toucherai plus jamais une seule carte de ma vie. Jamais!

Seulement, je veux rattraper mon argent. C'est bien naturel, il me semble. Je romps avec le jeu, mais il faut qu'il me rende ce qu'il m'a pris ou (soyons poli!) ce que je lui ai donné. On rend toujours dans les ruptures. Je renonce au gain, c'est bien joli; je ne réclame que ce que j'ai perdu; rien de plus, rien de moins.

Pour cela, il est indispensable que je hasarde encore quelques billets de banque — le moins possible, cela va sans dire — et les uns après les autres. Par exemple, je les divise en trois lots.

Premier lot : Douze mille francs pour ma femme ; je ne peux pas faire moins.

Deuxième lot : Six mille francs pour ma fille, ma gentille Valentine.

Troisième et dernier lot : Deux mille francs pour mon dernier né, qui a deux ans.

On le voit, ma cause est touchante et sacrée. Je livre une pieuse bataille, où me suivront les sympathies de tous les honnêtes gens, et où je ne peux manquer de triompher.

— Ce n'est pas pour moi que je joue — *c'est pour ma famille !*

II

LE PRÉTEXTE DE L'AMANT

En la quittant hier, je me suis promis de ne plus remettre les pieds chez elle. Non, il n'est pas de femme au monde plus perfide, plus perverse. — Ah! Molière! Ah! Shakspeare! Ah! Byron! je comprends vos colères et vos anathèmes. Mais vous n'avez pas encore été assez cruels, assez implacables...

J'y retournerai ce matin.

Oh! n'allez pas croire que ce soit pour l'accabler de nouveaux reproches! Je lui ai dit hier tout ce que j'avais à lui dire; il ne me reste plus rien sur le cœur... J'y retournerai, tout simplement parce que j'ai oublié mon porte-cigare dans son petit salon, sur la console à droite. — Un porte-cigare auquel je tiens beaucoup, le don d'un ami.

Il est évident que je ne peux pas l'envoyer redemander par mon valet de chambre ; cela ne serait pas convenable ; on doit redoubler d'égards envers les femmes que l'on quitte. En outre, j'aurais l'air d'avoir peur de me présenter chez elle. — Peur de qui ? Peur de quoi ? Peur de ses beaux yeux, profonds comme des abîmes et étincelants comme des torches ? Peur de son sourire invitant et de sa voix attirante ?... Allons donc ! je ne crois plus à tout cela. Je me suis forgé une cuirasse d'indifférence, — et un casque de scepticisme — avec une visière d'ironie.

Ce n'est pas pour elle que je tiens à cette dernière entrevue ; — *c'est pour ma vengeance!*

III

LE PRÉTEXTE DU MALADE

Mon médecin, — qui porte une cravate blanche dès six heures du matin, — me prescrit un régime sévère, sous peine, dit-il, de voir se produire les plus graves désordres dans mon organisation.

Il est bon là, mon médecin ! Un régime sévère, lorsque je viens justement de recevoir de Toulouse une terrine de foies de canards, dont le parfum pénètre dans tous les recoins de mon appartement ! — Mais, docteur blanc, il y a bien d'autres désordres à redouter si je m'abstiens de toucher à cette citadelle embaumée! D'abord une sombre mélancolie, qui peut me conduire tout droit à l'hypocondrie... On ne rompt pas du jour au lendemain avec son hygiène habituelle, que diable! On va *piano*, cher docteur ; on rogne aujourd'hui sur ceci, demain sur cela. On ne supprime pas tout d'un coup, on diminue.

Je mangerai la terrine, précisément afin de ne pas tomber malade.

Ce n'est pas pour une vaine satisfaction des sens, ce que j'en fais ; — *c'est pour ma santé!*

IV

LE PRÉTEXTE DU CHRONIQUEUR

Je ne travaillerai pas aujourd'hui ; je ne terminerai pas l'article qu'attend — avec une impatience flatteuse — mon rédacteur en chef.

D'ailleurs, suis-je bien certain de l'avoir commencé, cet article?

La journée est magnifique ; le ciel est bleu, — plus bleu que mon papier ; — le vent m'apporte des frémissements d'arbres... Une joyeuse compagnie doit venir me prendre tantôt. — Mais ce n'est pas pour ces prétextes-là que je renonce au travail. Oh ! non !

Le vrai motif est que je ne suis pas en train.

Il est aussi peu naturel d'écrire sans envie que de boire sans soif, — et cela est bien moins agréable. Et puis, il n'est pas séant de se montrer trop avide de gain et de gloire, et d'encombrer tous les chemins littéraires. Une preuve de bon goût est de savoir se ranger à propos pour laisser passer les jeunes gens.

Si j'écrivais aujourd'hui, je le sens, je n'écrirais rien de bon. Je serais incolore ; ma phrase ressemblerait à celle de tout le monde — et tout le monde aurait le droit de saluer mon esprit comme une vieille connaissance. Il faut éviter cela. Je me ferais un tort immense avec une page mal réussie; on oublie les bons articles, on n'oublie pas les mauvais. Les gens qui ne m'aiment pas et qui ne me lisent jamais, me liraient certainement ce jour-là. Ceux qui m'aiment et qui sont accoutumés à mon style, ne pourraient s'empêcher de murmurer : « Il n'a plus rien dans le ventre ! » ou, tout au moins : « Il commence à baisser, notre auteur ! »

Tout bien considéré, il vaut mieux ne pas faire d'article aujourd'hui.

Ce n'est pas pour mon plaisir que je m'abstiens ; — *c'est pour ma réputation.*

XII

ADIEU, HENRIETTE !

Rencontré ce matin mon ami Filibulle.

Tiens ! — c'est un vers...

Je ne l'ai pas fait exprès.

— Je ne vous ai pas vu l'autre jour à l'enterrement de P., lui ai-je dit.

— Vous ne m'y avez pas vu par une bonne raison ; c'est que je n'y étais pas, me répondit Filibulle.

— Ah !

— J'ai renoncé à aller aux enterrements... Ne croyez pas que ce soit par indifférence ou par égoïsme... Non, mais cela agit trop sur mon système nerveux.

Notez que Filibulle a l'énormité fleurie de l'acteur Dumaine.

Il s'aperçut sans doute de l'effet produit sur moi par sa réponse, car il se hâta d'ajouter :

— Je ne vais plus aux enterrements, depuis...

— Depuis ?

— Depuis une aventure à la fois atroce et bouffonne qui m'est arrivée.

— A vous, Filibulle ?

— A moi.

— Contez-moi donc cela, je vous prie.

Il en brûlait d'envie, car il commença immédiatement en ces termes.

— C'était à l'enterrement de ma femme...

Filibulle s'interrompit pour me dire :

— Vous avez connu ma femme, n'est-ce pas?

— Comme tout le monde, répliquai-je.

— Alors, vous savez combien je l'aimais, et combien j'avais raison de l'aimer?

— Oui, Filibulle.

— C'était une femme modèle.

— Assurément.

— Tout à coup elle meurt. Vlan !

— Votre chagrin fut.....

— Inimaginable. Je commandai un enterrement du meilleur goût. Sans être prodigue, on aime à bien faire les choses. A l'heure dite, le convoi se met en marche; je suis le char dans une attitude digne... un accablement correct... On arrive à l'église... Une

messe... tout ce qu'il y a de plus convenable...
les orgues... quatre enfants de chœur... Je me
laissais bercer par la douce poésie de l'encens
lorsqu'au milieu de l'office mon oreille est
distraite par un bruit singulier. A deux ou
trois pas derrière moi, quelqu'un venait d'é-
clater en sanglots. Je me retourne sans avoir
l'air. C'était un monsieur que je ne connaissais pas... très-bien mis... d'une physionomie noble. J'étais intrigué. « Comment se
fait-il, pensais-je, qu'un homme soit plus
désolé que moi du trépas de ma femme ? »
Car il n'y avait pas à dire, ce monsieur était
plus désolé que moi. J'avais bien la paupière
humide, mais je n'éclatais pas en sanglots...
et lui éclatait, littéralement.

— En vérité, Filibulle ?

— Au point que cela en était indécent. Je
me penchai vers mon voisin de droite, qui

était mon beau-frère, et je lui demandai à voix basse : « Savez-vous quel est ce monsieur ?
— Non, me répondit-il. » J'interrogeai également mon voisin de gauche, qui me fit la même réponse. L'inconnu continuait toujours à donner un cours bruyant à sa sensibilité. Engager une lutte de sanglots avec lui eût été ridicule. Je ne pouvais pas non plus troubler le service divin pour aller lui demander son nom. Mais je me dis : « Toi, je te rattraperai après la messe ! »

— Et vous le rattrapâtes, Filibulle !

— Il ne m'en donna pas la peine. Il vint de lui-même se placer à côté de moi. Ma curiosité allait donc être satisfaite.

— Monsieur, lui dis-je.

— Hou !... Hou !... faisait-il, le nez dans son mouchoir.

— Monsieur, recommençai-je, vous connaissiez ma femme, à ce qu'il paraît ?

— Oh ! oui, monsieur. Quel cœur ! quelle âme !

— Je n'en disconviens pas.

— Quelle chaleur de sentiments ! Comme elle volait au-devant de tout ce qui était grand et beau !

— C'est vrai.

— La riche nature !

— Je me félicite, monsieur, de vous voir apprécier ma femme comme elle le mérite... Vous êtes un de ses parents.

— Non, monsieur.

— Un de ses alliés peut-être.

— Pas davantage.

Mon étonnement redoublait.

— J'étais un de ses amis, ajouta l'inconnu. Est-il un titre plus beau que celui-là ?

— Mais...

— Oui, monsieur, un de ses amis.., le plus sincère peut-être... le plus dévoué, à coup sûr, le plus tendre, le plus...

— Comment se fait-il, dis-je en lui coupant la parole, que je ne vous aie jamais rencontré chez nous ?

— C'est que sans doute vous n'y étiez pas lorsque j'y venais.

— Alors, monsieur, permettez-moi de m'étonner...

— De quoi, monsieur ? Vous ne prétendez pas, j'espère, me contester le droit de pleurer sur mes semblables ?

J'avoue que je ne trouvai rien à répondre.

Pendant ce temps, il s'était emparé de mon bras ; il s'appuyait dessus lourdement.

C'était lui qui conduisait véritablement le deuil.

Il avait recommencé ses larmes et ses soupirs.

La foule, sur notre passage, le regardait avec compassion ; tous les yeux semblaient dire : « Le pauvre homme ! Quelle douleur ! »

Tout le monde devait le prendre pour le mari. Moi, j'avais l'air d'être son compère, le premier venu.

J'essayai encore une fois ou deux de solliciter une explication ; mais mon particulier me répondait invariablement :

— Vous voyez bien que je ne suis pas en état de vous répondre... Il y aurait cruauté à me faire parler... Laissez-moi tout à mes souvenirs...

A ses souvenirs !

Il n'y avait pas moyen de faire un esclandre

dans une pareille situation et dans un pareil moment.

J'étais enrhumé, pour surcroît de contrariété. Il s'en aperçut à mes éternuements.

— Couvrez-vous, me dit-il ; ne vous gênez pas ; moi, je resterai tête nue...

Et il ajouta d'un ton solennel ;

— C'est mon devoir !

Filibulle s'arrêta pour respirer.

Puis il reprit ainsi sa narration :

— Enfin, le convoi arriva au champ du repos.

— Au cimetière.

— Si vous voulez... Je m'étais résigné à subir le voisinage de mon inconnu. Soudain il me quitta, et je crus m'apercevoir qu'il retournait sur ses pas. Je respirai plus librement. A ce moment, je fus rejoint par mon beau-frère, qui me dit : « Eh bien ! vous savez maintenant qui est ce monsieur ? — Pas du tout, répondis-je. » Pour le moment, je m'estimais assez heureux d'en être débarrassé. On fit halte dans la troisième allée, à gauche, et ma pauvre femme fut descendue dans sa dernière demeure. Le prêtre venait de terminer les prières, lorsque je vis accourir, haletant, et portant une énorme couronne d'immortelles, devinez qui ?... mon inconnu. Il écarta tout le monde, et par-dessus la première pelletée de terre, il jeta sa couronne en s'écriant : « *Adieu, Henriette !* » Tous les regards s'étaient tournés vers lui, puis vers moi, qui demeurais stupéfait. Lorsque je repris mes esprits, je voulus m'élancer à la poursuite de l'impudent personnage. Mais il était trop tard ; il s'était esquivé presque aussitôt.

— Et vous ne l'avez jamais revu? demandai-je à Filibulle.

— Si...., mais longtemps après. Un jour que je me promenais avec un de mes amis sur les boulevards, un monsieur long et vêtu de noir passa auprès de nous. Mon ami le salua de la main en souriant. Je tressaillis.

— Tu connais cet individu? dis-je vivement.

—Parbleu ! c'est Bache.

— Qui, Bache ?

— L'acteur Bache, le roi de Béotie d'*Orphée aux enfers*, le mystificateur par excellence. Mais qu'as-tu donc ?

— Un mystificateur... Laisse-moi que je l'étrangle !

— Es-tu fou? On n'étrangle pas Bache, on rit de ses bons tours...

Mon ami se mit en devoir de me raconter

la longue légende de Bache, ses démêlés grotesques avec Ancelot, ses provocations à Empis, sa visite en habit de procureur du roi à madame Roger de Beauvoir, etc., etc.

Je finis par comprendre que j'avais été la victime de ce bouffon. Le poids qui m'obsédait depuis plusieurs années s'envola comme par enchantement.

N'importe; j'ai conservé de cette aventure une aversion insurmontable pour les cérémonies funéraires; voilà pourquoi vous ne m'avez pas vu l'autre jour à l'enterrement de P. F.

Ainsi parla Filibulle.

XIII

CHEZ UNE TIREUSE DE CARTES

Qu'auriez-vous fait à ma place?
Très-embarrassant!
Mais j'ai tort de vous interroger; vous êtes évidemment, lecteur, un esprit au-dessus de toutes les superstitions petites ou grandes.
Vous êtes un philosophe, — vous.
Vous êtes un sage, — vous.
Moi, qui ne suis qu'un gazetier, n'y pou-

vant tenir, je me décidai hier à aller consulter...

Un médecin? — Non.

Un avocat? — Non.

Un prêtre? — Non.

J'allai consulter une tireuse de cartes.

Ah! je sais bien, je vous vois déjà vous moquer de moi; mais je suis résolu à braver tout sarcasme.

La tireuse de cartes n'avait ni crocodile empaillé à son plafond, ni squelette dans une armoire, ni cornues sur une étagère, ni chouette sur son épaule, ni crapaud monstrueux à ses pieds, ni lézard rêvant dans un coin, ni marmite ronronnant sur un feu de soufre.

Elle n'était point vêtue d'une robe noire agrémentée de symboles écarlates; sa main ne brandissait point la baguette aux conjurations.

Elle était simple et avenante.

Je lui dis :

— Madame, voilà deux mois que je suis en proie, toutes les nuits, à un cauchemar étrange et monotone.

— Un cauchemar? Cela est de mon ressort. Parlez, Monsieur.

— A peine ai-je goûté le sommeil depuis une heure qu'un grand bruit me fait tout à coup tressaillir. Ce sont d'abord des cris s'entre-choquant, une rumeur, un vacarme, au milieu duquel je distingue des invectives à mon adresse. Je me dresse sur mon séant, comme pour répondre et protester; mais la voix me manque, naturellement. Je me trouve environné de magistrats qui me regardent et parlent d'instruire mon procès. Quel procès?

J'essaye en vain de me débattre. Des gens armés passent en courant, suivis d'autres gens armés; les uns proposent de me fusiller; les autres roulent des canons. On ne s'occupe déjà plus de moi, je profite de ce moment pour me sauver à la nage. Me voilà en pleine mer. Là, des vaisseaux cuirassés me poursuivent, vomissant des feux tournants. Sur quelque rivage que j'aborde, c'est le tambour, c'est le tocsin; ce sont des populations s'enfuyant, éperdues. Ma tête se brise, mes genoux se plient; je demande grâce.

— Ensuite?

— Ensuite, je me rendors quelquefois pendant une demi-heure.

— Vous vous rendormez?

— Oui, d'un sommeil égal, mesuré, bénin. On dirait que, pour me provoquer à ce sommeil, une serinette me joue aux oreilles un air dolent, toujours le même.

— Une serinette? répéta la sorcière, rêveuse.

— Au bout de cette demi-heure, je suis réveillé régulièrement par une insupportable odeur d'allumettes chimiques, ou par des bouffées d'incendie, ou par des appels déchirants : *Au secours! à l'aide! à la garde!* Ma gorge se serre, mes yeux se dilatent. Je me débats entre les bras de malfaiteurs imaginaires qui me terrassent et me demandent *où sont mes valeurs;* je vois briller sur ma tête l'éclair d'une hachette; on me traîne par les cheveux; je rampe dans une mare de sang; on me coupe en morceaux, on m'insère dans une malle, on me porte au chemin de fer. Ou bien je rêve que je tombe d'une maison en construction, que les chevaux d'un omnibus me renversent, que je mange immodérément d'un plat de champignons vénéneux, que je suis pris dans l'engrenage d'une machine à vapeur et que j'en ressors haché menu comme chair à pâté. D'autres fois, oserai-je le dire, il me semble que je tombe dans une fosse récemment mise à découvert... Horreur !

— Passez.

— Deux ou trois personnes s'y font descendre à leur tour pour me sauver et remontent à moitié asphyxiées.

— Passez.

— Bref, il n'est pas de mésaventures auxquelles je ne sois en butte, de catastrophes dont je ne sois la victime.

— Cet état s'apaise-t-il ? demanda la tireuse de cartes.

— Un peu, mais pas pour longtemps, hélas! répondis-je. Mon rêve se transforme, voilà tout. Je me sens malade...

— Malade?

— De toutes les maladies, infirme de toutes les infirmités. Je me vois enveloppé d'appareils chirurgicaux, de plaques, de bandages, de ceintures, de ligatures. On me force à ouvrir la bouche et à avaler indistinctement : pâtes, juleps, tisanes, baumes, sirops, capsules, pilules, dragées, pastilles, tablettes, bonbons, moutarde, etc. Quel supplice!

— Est-ce là tout?

— A peu près, dis-je en soupirant.

— Quoi! pas une sensation agréable? Aucunes riantes visions?

— Si...

— Ah! fit la tireuse de cartes.

— Vers le matin.

— Je vous écoute.

— Seulement alors, continuai-je, je me sens pénétré de sensations moins matérielles. Des voix amoureuses viennent chuchoter à mon cœur. J'entrevois des campagnes fleuries; je donne rendez-vous sous les chênes à des jeunes filles ou à des jeunes femmes; j'escalade des balcons, je me cache dans des boudoirs. Mes amours changent de pays et d'époques, à chaque minute. Tantôt, je suis un beau seigneur, harnaché de broderies et constellé de pierreries; je passe mes journées à la cour, aux genoux des reines; je trempe dans des conspirations, j'ai des duels, je jette l'or dans des enjeux extravagants. Le soir, un masque de velours sur le visage, une dague à la ceinture, on me voit me glisser dans les rues ténébreuses; et les écoliers fredonnent sur mon passage :

CHEZ UNE TIREUSE DE CARTES

> Celui qui porte un manteau bleu
> Est le comte Paul de Beaulieu ;
> Celui qui porte rubans verts
> Est le marquis Jean de Nevers.

Tantôt encore, métamorphosé, avili, flétri, au niveau des derniers coquins, poursuivi par la police, je lutte d'habileté et d'expédients avec ses plus adroits limiers ; je me cache sous mille déguisements ; je m'évade de toutes les prisons, par les cheminées, par les toits, par les caves... Que vous dirais-je? Cette agitation ne me déplaît pas, au contraire ; je me sens vivre, c'est l'éclaircie de mon cauchemar. Ouf!

Et je terminai par ces deux vers de la *Lucrèce* de Ponsard :

> Et bien ! ces visions qui troublèrent mes sens,
> Nourrice, pourrais-tu m'en expliquer le sens ?

La tireuse de cartes eut un charmant sourire, et se leva.

— Vous réussissez assez bien vos plaisanteries, me dit-elle.

— Des plaisanteries! m'écriai-je; mais pas du tout! Un cauchemar bien persistant, bien résistant! Pour m'y soustraire, j'ai successivement supprimé...

— Voilà où je vous attendais. Qu'avez-vous supprimé?

— D'abord, le café.

— Après?

— Après le café, les liqueurs.

— Après?

— Après les liqueurs, le vin.

— Est-ce tout?

— C'est tout. Que pouvais-je supprimer encore?

La tireuse de cartes hocha la tête.

— Avez-vous supprimé les journaux? me demanda-t-elle.

Je fis un haut-le-corps.

— Comment pourrais-je supprimer les journaux, puisque ma profession consiste à les lire tous les jours?

— Et à en rêver toutes les nuits.

— Que voulez-vous dire?

— Votre cas est bien simple, mon cher monsieur, et je n'aurai besoin avec vous de grand ni de petit jeu.

— Tant pis, murmurai-je.

— Votre cauchemar a quatre grandes pages; il coûte quinze centimes le numéro.

— Bah!

— Suivez-moi bien. Votre vacarme, vos rumeurs, vos invectives, qu'est-ce autre chose, sinon cette partie du journal qu'on appelle le

Bulletin politique, reflet de toutes les passions de la journée, résumé de tous les bruits d'une séance de l'Assemblée nationale? Ces gens armés qui passent en courant, ces menaces de mort, ces échos de tambour et de canon représentent les *nouvelles de l'étranger.*

— Croyez-vous?

— N'en doutez pas.

— Quoi! toutes ces secousses dont je suis ébranlé...

— Autant de *dépêches télégraphiques.*

— Mais la demi-heure de repos qui succède à cet ébranlement, comment l'expliquez-vous?

— Je l'explique tout naturellement par les *articles de fond* du journal, morceaux de résistance, gâteaux largement imprégnés d'une poudre narcotique.

— Ainsi, ce sommeil de quelques instants, égal et salutaire...

— Est dû à un *Coup d'œil sur la situation* ou à un *Exposé des motifs de notre ligne de conduite.*

— Je comprends. La serinette... qui joue toujours le même air?...

— La serinette est tournée par le rédacteur en chef, par M. un tel ou de Saint-Tel.

— Je commence à saisir, fis-je.

— Ce n'est pas malheureux, dit la tireuse de cartes.

— Mais ce n'est pas tout. Les sursauts d'ensuite?

— Les sursauts d'ensuite, ce sont les *Faits divers*, le chapitre infini des accidents, des délits, des crimes... Vos maladies et vos infirmités prétendues proviennent du ressouvenir des *annonces* de la quatrième page, annonces envahies par les médicaments.

— C'est vrai.

— Enfin, cette éclaircie dans votre rêve, cette heure de sentiment, ces transformations tour à tour magnifiques et misérables...

— Eh bien?

— C'est le *roman-feuilleton*.

— Evidemment! m'écriai-je.

— Mon cher monsieur, si vous voulez guérir, lisez moins de journaux.

Ainsi parla la tireuse de cartes.

Je crains bien de finir aux Incurables.

XIV

RECHERCHES SUR CALINO

Il est souvent question de Calino dans la petite presse.

C'est l'endosseur de toutes les naïvetés et de toutes les bourdes actuelles.

Mais qu'est-ce que c'est que Calino? D'où vient Calino? Est-ce un personnage réel ou imaginaire?

Voilà ce que beaucoup de gens se demandent.

L'opinion la plus généralement accréditée est que Calino était un apprenti peintre, un rapin. MM. Théodore Barrière et Fauchery ont adopté cette supposition dans leur comédie en un acte, intitulée : *Calino*, représentée au théâtre des Variétés, il y a une douzaine d'années ; pièce amusante et touchante à la fois, qui retraçait les ahurissements, les crédulités d'un souffre-douleur d'atelier.

L'acteur Parade, fort bon partout, était excellent dans ce rôle.

A cette époque, la légende de Calino était en pleine formation ; mais elle ne renseigne qu'à demi sur le type.

Selon quelques artistes que j'ai interrogés, Calino s'appelait de son nom de famille Bonino et il était élève chez Picot.

Plus tard, Calino prévalut sur Bonino, pour des questions d'euphonie sans doute.

Dans leur volume : *Une voiture de masques* les frères de Goncourt ont consacré un article à Calino, qu'ils écrivent *Calinot*. On doit croire qu'ils l'ont connu, puisqu'ils tracent de lui le portrait suivant :

« Un grand corps monté sur des jambes d'échassier ; là-dessus une tête blonde, chauve, inculte ; de la barbe, les yeux bonasses, la tête ballant en avant ; dans la pose, quelque chose comme le profil d'une canne à bec de corbin ; une voix pleine d'embarras, obstruée de bredouillements ; — c'est ainsi fait qu'il a traversé la vie, avec des vêtements trop larges sur son corps maigre, faisant rire tout le monde et laissant rire tout le monde. »

Bien pour la physionomie, mais l'obscurité reste la même sur les diverses phases de l'existence de Calino.

Les mêmes auteurs ont réuni quelques-unes de ses naïvetés les plus caractéristiques.

— Moi, disait Calino, j'aime mieux la lune que le soleil. Le soleil, à quoi sert-il ? Il vient quand il fait jour, ce fainéant-là ! Au lieu que la lune, ça sert à quelque chose : ça éclaire.

Une autre fois :

— Sont-ils bêtes, ces gens qui donnent une lettre à un commissionnaire ! Ils se figurent qu'il la porte, il ne la porte presque jamais. Moi, quand je veux être sûr, je vais avec le commissionnaire.

Et encore :

— Je n'aime pas les lâchetés ; quand j'écris une lettre anonyme, je la signe toujours.

On venait de donner à Calino une canne ornée d'une très-belle pomme de Saxe. La canne était trop grande pour lui ; il coupe la pomme.

— Pourquoi n'avez-vous pas rogné votre canne par en bas ? lui demande-t-on.

— C'était en haut qu'elle me gênait, répond-il.

Un de ses amis le prie de lui rapporter des allumettes qui aillent ; Calino remonte avec les allumettes.

— Cré matin ! s'écrie l'ami après la cinquième ou sixième ; elles ne vont pas...

— C'est bien drôle, ça, murmure Calino, je les ai toutes essayées.

Arrêtons-nous.

Calino compte de nombreux ancêtres : d'abord Jocrisse, cette incarnation sereine de la bêtise ; puis Janot, l'inventeur d'un langage particulier, dont le spécimen le plus populaire est celui-ci : « C'est fou mon père qui avait un beau couteau, devant Dieu soit son âme, pendu à sa ceinture, dans une gaîne, avec quoi il faisait la cuisine ! »

Après Janot et Jocrisse, il faut, pour trouver un pendant à Calino, remonter jusqu'à un grand seigneur, jusqu'au jeune duc d'Épernon.

Celui-ci a laissé une mémoire exhilarante.

Dans cette innocente tête se heurtaient les pensées les plus biscornues, accouplées aux images les plus baroques.

C'est le duc d'Épernon qui faisait remarquer que, si Adam s'était avisé d'acheter une charge de secrétaire du roi, tout le monde serait aujourd'hui gentilhomme.

C'est le duc d'Épernon qui, parlant d'une tempête en mer, racontait que le vaisseau avait pris le mors aux dents...

C'est le duc d'Épernon qui, s'extasiant sur

un tableau représentant le char du soleil, disait : — Que ces coursiers sont bien figurés ! il ne leur manque que la parole.

Ses actes étaient à l'unisson de ses idées.

On vint lui apprendre au milieu de la nuit la mort d'un de ses domestiques qu'il aimait beaucoup. — Ah ! s'écria-t-il, comme je serai affligé demain lorsque je me réveillerai !

On lui vola sa bourse ; il affirma qu'il ne l'avait pas senti parce qu'il était enrhumé.

— De quel pays est votre Suisse ? demandait-il à un autre grand seigneur.

Il entendit un particulier se féliciter d'être couché sur un testament.

— Dormez-vous bien à votre aise ? lui dit-il.

Impatient de se mettre en route, il prit place dans son carrosse avant qu'on eût attelé.

— Partons toujours! s'écria-t-il; les chevaux viendront après.

On voit que Calino avait des parents à la cour.

Si l'on sait peu de chose sur la vie de Calino, on est, du moins, à peu près fixé sur sa fin.

Il mourut en 1849 d'une attaque de choléra. Il faut bien mourir de quelque chose.

Aujourd'hui, Calino a pris place dans ce musée de créations falotes, dont le nom et le souvenir sont toujours certains d'amener un sourire sur les lèvres humaines.

XV

COMMENT JE M'Y SERAIS PRIS

RÊVERIE GALANTE

Je n'aime pas seulement les femmes d'à présent, mais j'aime encore les femmes d'autrefois. Que dis-je ? j'en raffole. Je ne peux pas mettre les pieds et les yeux dans une galerie de tableaux sans tomber éperdument épris des têtes enchanteresses que j'y vois revivre ; — je ne peux pas ouvrir un livre, roman ou histoire, sans me sentir conquis sur-le-champ aux héroïnes dont on *célèbre les attraits* et dont on raconte les aventures.

Les types charmants de chaque époque m'attirent et me retiennent sous leur séduction posthume. C'est une fascination à laquelle il m'est impossible de me soustraire. — Bien souvent, le soir, enfoncé dans un excellent fauteuil, les regards au plafond, à travers la fumée d'un cigare, je me surprends à remonter le cours des âges et à évoquer les femmes que j'aurais aimées. Je rectifie à mon gré leur biographie, et, me substituant à leurs amants ou à leurs époux, — plus souvent aux premiers qu'aux seconds, — je me demande *comment je m'y serais pris*, et le langage que j'aurais employé pour réussir auprès d'elles.

AVEC LUCRÈCE

Me voici seul avec Lucrèce.

J'ai gagné ses femmes et j'ai pu les éloigner.

J'ai fait donner une mission à son mari Collatin ; c'est un fonctionnaire plein de zèle.

Moi, je suis entré dans la peau de Sextus Tarquin, un bellâtre, un butor, un niais. Aussi me garderai-je bien de me comporter comme lui.

Lucrèce la belle, Lucrèce la vertueuse, Lucrèce la digne fille de Lucretius Tricipitinus (quel drôle de nom !) est une des femmes que j'ai le plus désirées. Sa beauté semble faite de marbre et de lumière ; sous sa robe aux longs plis droits on dirait une déesse. C'est une déesse, en effet; elle en a le charme imposant et victorieux.

Elle m'aperçoit et recule.

— Vous ici, Sextus, vous!

— Moi-même.

— A cette heure de nuit!

— On prend l'heure qu'on peut et pas toujours l'heure qu'on veut.

Au fond, je me sens presque aussi ému qu'elle.

— Que venez-vous faire ici? que voulez-vous? Est-ce Collatin que vous cherchez? Il est absent.

— Je le sais.

— Vous le savez? répète-t-elle en me regardant fixement; mais alors, Sextus, que voulez-vous?

— Ne faites donc pas de ces questions-là.

— Vous m'effrayez !

— Je n'en crois pas un mot. Qu'est-ce que j'ai donc de si effrayant ? Je suis parfumé de la tête aux pieds, mes étoffes sortent de chez la meilleure faiseuse.

J'ai déjà repris une partie de mon aplomb.

— Mais ce glaive que vous tenez à la main ? dit Lucrèce.

— Ce glaive est pour moi si vous refusez de céder à mes vœux.

— Pour vous ?

— Pour moi.

Elle s'attendrit d'une façon visible.

— Quoi ! vous seriez capable de vous tuer ?

— Absolument.

— Et moi qui croyais, au contraire... qui m'imaginais...

— Qu'est-ce que vous vous imaginiez ?

— Que vous en vouliez à mes jours.

— Quelle folie !

— Écoutez donc, vous avez une réputation de brutalité...

— Bien surfaite, je vous le jure.

—En effet, vous m'effrayez moins à présent, murmure-t-elle en arrêtant sur moi ses yeux redevenus doux.

Puis, comme faisant un effort sur elle-même :

— N'importe, retirez-vous, Sextus.

— Lucrèce !

— Vous oubliez qui je suis... je vis retirée... occupée tout le jour à...

— A filer de la laine, je sais... Cela doit être bien ennuyeux, et j'ai compté là-dessus précisément.

— Sextus, n'approchez pas !

— Soit ! murmuré-je en soupirant ; alors, en avant le glaive.

Et je fais le simulacre de me frapper. Une ! deux !

Lucrèce s'élance vers moi.

— Que faites-vous ? s'écrie-t-elle.

— Vous le voyez, inhumaine.

— Arrêtez !

— Non... la vie sans vous m'est odieuse.

Déjà une goutte de sang rose a coloré ma tunique.

— Ciel ! dit Lucrèce en se précipitant vers mon bras pour le retenir.

Et comme je cherche à me débarrasser, elle ajoute, éperdue :

— Ah ! Sextus, je ne veux pas que tu meures !

AVEC BERTHE AUX GRANDS PIEDS

Sa tête mignonne est surmontée d'un immense cornet renversé, d'où pend un voile qui va traînant jusqu'à ses pieds, — ses pieds légendaires. Sa taille en entonnoir est comprimée dans un fourreau herminé qui lui ceint les hanches. Malgré cela elle est fort jolie, un grand air de candeur et d'étonnement.

J'ai pris sa petite main, et elle ne l'a point retirée.

— Ha, ma chière mye, lui dis-je, ie t'aisme plus que toust au munde.

(Ce vieux « languaige » est décidément atroce !)

— Taysez-vous, a répondu Berthe rougissant comme cerise.

— Laisse-moy te robber ung bayser; cecy est ma phantaizie.

— Nenni, vous me trupheriez.

J'insiste, elle se débat; un mouvement dérange la maudite tourelle en poivrière dont elle est coiffée.

Le baiser est pris.

— Ha, maulvois! fait-elle à demi fâchée.

— Eh bien! oui, maulvois, très-maulvois, mais violemment affolé! ie brusle, ie darde des flammèches!

— Hô, doulx Iésus!

— Sois toust à moy, ma columbelle, mon thrésor!

— Paouvre que je suis!

— Si tu te débarrassois de ton clochier?...

AVEC LAURE DE SADE

LAURE. — Gageons, seigneur Pétrarque, que vous venez encore me réciter un sonnet !

MOI-PÉTRARQUE. — Allons donc !

LAURE. — Ou quelques-unes de ces douces *canzones* dans lesquelles vous êtes un si habile ouvrier.

MOI-PÉTRARQUE. — Assez de *canzones* et de sonnets ! J'en ai peut-être abusé. Aujourd'hui j'ai mieux que cela à vous dire.

LAURE. — Mieux que des vers ?

MOI-PÉTRARQUE. — Infiniment mieux.

LAURE. — Tiens ! vous n'avez pas votre

lyre. Qu'est-ce que vous avez donc fait de votre lyre ?

MOI-PÉTRARQUE. — Laissons ma lyre où elle est, c'est-à-dire dans son étui. Je veux vous parler sérieusement, ma Laure.

LAURE. — En prose ?

MOI-PÉTRARQUE. — En prose.

LAURE. — Cela va bien vous changer, grand poëte.

MOI-PÉTRARQUE. — Grand poëte, grand poëte... cela est très-bien ; mais voyons, ne trouvez-vous pas que mon attitude vis-à-vis de vous commence à devenir un peu... ridicule ?

LAURE, *ingénument*. — Quelle attitude ?

MOI-PÉTRARQUE. — Il n'y a pas d'exemple d'un amour aussi platonique que le mien. Cela ne peut pas durer comme cela. On se moquerait de moi dans la postérité ; je ne répondrais pas qu'on n'eût déjà commencé.

LAURE. — Que vous importe, ô sublime génie !

MOI-PÉTRARQUE. — Il m'importe beaucoup. Voyons, Laure, il est temps de vous départir de votre rigueur.

LAURE. — Y pensez-vous, Pétrarque ?

MOI-PÉTRARQUE. — Je ne pense qu'à cela.

LAURE. — Qu'attendez-vous de moi ?

MOI-PÉTRARQUE. — J'ai tant de fois chanté la douceur des baisers, qu'il me semble bien naturel de vous en demander un.

LAURE. — Vous voulez rire sans doute ?

MOI-PÉTRARQUE. — D'une certaine façon, oui.

LAURE. — Est-ce vous qui parlez de la sorte ? Vous n'êtes plus le même.

MOI-PÉTRARQUE. — Un poëte doit toujours chercher à se transformer.

LAURE. — Finissez..... je vais appeler mes quatorze enfants !

MOI-PÉTRARQUE. — Je n'écoute rien.

LAURE. — Pétrarque !

MOI-PÉTRARQUE. — Non !

LAURE. — Laissez-moi, ou je sonne !

MOI-PÉTRARQUE. — Les sonnettes ne sont pas encore inventées.

LAURE. — Ah ! malheureuse, je suis perdue !

MOI-PÉTRARQUE. — Je l'espère bien.

**

On le voit, le cadre est infini ; il embrasse toutes les époques et tous les pays. Je dois forcément me borner. Un autre jour peut-être, reprenant ma rêverie, je dirai à mes lectrices, — pour peu qu'elles veuillent bien continuer à m'entendre à travers les branches de leur éventail, — *comment je m'y serais pris :*

Avec Cléopâtre ;

Avec Phryné ;

Avec mademoiselle de la Vallière ;

Avec Manon Lescaut ;

Avec la Pompadour ;

Avec la Charlotte de Goëthe ;

Avec d'autres encore, plus modernes, très-modernes, tout à fait modernes.

Mais avec celles-ci, mon système, — si système il y a, — se trouvera bien simplifié ; et 'on verra que je m'y serais pris... comme tout le monde.

XVI

LES PETITS ABBÉS

La plume et le crayon ont, à diverses reprises, — et toujours fort aimablement, — essayé de me représenter aux yeux du public comme un abbé de lettres.

Aujourd'hui encore, je me heurte à cette dénomination dans un journal belge.

Avant que ce préjugé s'enracine tout à fait dans l'esprit de mes contemporains, je désire tracer quelques lignes de protestation.

Dieu me garde de trop ressembler à ces physionomies disparues, qu'on désignait au xvii° et au xviii° siècle sous le nom de *petits abbés!*

Les mémoires du temps, — suspects comme tous les mémoires, — les représentent invariablement en rabat de soie, la jambe fine et tendue, prête à la pirouette, grands coureurs de petits levers et de petits soupers.

Mais pour quelques-uns qui passent dans l'histoire en ce pimpant équipage, pour l'abbé de Voisenon, professeur de madame Favart, et pour l'abbé de Bernis, surnommé Babet-la-Bouquetière, combien en fut-il d'autres, soucieux, mal chanceux, besogneux, amants exclusifs de la Muse, amants repoussés!

Et ce fut le plus grand nombre.

Qui fut plus célèbre que l'abbé Cotin ?

Il était de toutes les fêtes du bel esprit ; il avait un égal succès au salon et à la chaire.

Eh bien ! cela n'empêcha pas qu'il ne fût un jour question de le mettre aux petites maisons.

Fatigué de l'administration de ses biens (il avait donc des biens?) l'abbé Cotin les donna à un de ses amis, en ne lui imposant d'autre obligation que de subvenir invisiblement à ses besoins modestes, — besoins de savant, c'est tout dire.

Sa famille vit là dedans une preuve de folie et présenta immédiatement une requête pour lui faire nommer un curateur. — L'abbé ne s'amusa pas à répondre juridiquement ; il alla voir ses juges et les invita à assister à sa prochaine prédication, consentant à recevoir un curateur après avoir été entendu.

Les juges revinrent tellement satisfaits de l'église qu'ils condamnèrent à une grosse amende les parents de l'abbé Cotin.

C'est une seconde édition de l'aventure de Sophocle avec ses enfants.

On a prétendu que l'abbé Cotin était mort de la honte d'avoir été si cruellement raillé par Despréaux dans ses satires et par Molière dans ses comédies.

Cela se pourrait bien.

Parlez-moi du petit abbé Sanlecque pour tourner agréablement un placet et aiguiser ingénieusement un madrigal !

Sa muse avait toujours l'encensoir levé, — aujourd'hui vers M. de Pontchartrain, contrôleur général des finances, *sur ce qu'il promettait à l'auteur une pension de cinq cents écus;* — demain vers le grand roi lui-même, *qui avait témoigné qu'il cherchait l'occasion de faire du bien à l'auteur.*

A force d'importunités, Sanlecque obtint du père La Chaise une cure qui ne satisfit que médiocrement son ambition, si nous devons nous en rapporter à l'épître suivante qu'il adressa à son protecteur :

>Permettez, mon révérend père,
>Qu'un malheureux prieur curé
>Vous dépeigne ici sa misère,
>C'est-à-dire son prieuré.
>
>Dans mon église l'on patrouille
>Si l'on ne prend bien garde à soi ;
>Et le crapaud et la grenouille
>Chantent tout l'office avec moi.
>
>Près de là, sont, dans des masures,
>Cinq cents gueux couverts de haillons ;
>Point de dévote à confitures,
>Point de pénitente à bouillons.
>
>Comme ils n'ont ni terre ni rente,
>Et qu'ils sont tous de pauvres gens,
>Dans ma cure, — chose étonnante, —
>Je suis triste aux enterrements.

Celui-là, c'est l'abbé Pellegrin, qui a servi de cible à tous les faiseurs d'épigrammes du xviii° siècle.

Son extérieur négligé et une difficulté de s'énoncer avaient jeté sur lui un ridicule qui rejaillissait sur ses productions.

Ayant beaucoup de peine à vivre, il disait tous les jours la messe, et la petite rétribution qu'il en retirait lui donnait à dîner ; le reste du jour, il s'occupait à écrire des ouvrages dramatiques, — ce qui donna lieu à ce distique si connu :

>Le matin catholique et le soir idolâtre,
>Il dîna de l'autel et soupa du théâtre.

On l'a représenté, dans une petite comédie, comme un marchand de vers en gros et en détail.

Mais ce commerce n'enrichissait pas l'abbé

Pellegrin. A la première représentation d'un de ses opéras, on arrêta comme coupeur de bourses un individu qui disait sans cesse à un de ses voisins :

— Faut-il *couper?*

Ce n'était cependant qu'un tailleur à qui, quelques jours auparavant, le pauvre abbé avait demandé un habit. Ce tailleur n'avait consenti à le faire que tout autant que l'opéra réussirait ; il avait amené avec lui un de ses commis, dans le goût littéraire duquel il avait confiance ; et c'était à ce commis qu'il demandait à chaque instant s'il pouvait *couper* l'habit de l'auteur.

J'ai toujours trouvé cet *ana* d'une douloureuse tristesse sous son apparence comique.

Les pièces de théâtre du petit abbé Pellegrin — (qui se souvient de l'opéra de *Jephté*, de la comédie du *Nouveau Monde* et de la tragédie de *Pélopée*, sur laquelle on composa cette épigramme dont chaque mot commence par *p* : *Pélopée, pièce pitoyable, par Pellegrin, poëte, pauvre prêtre provençal ?*) — ses pièces de théâtre, disons-nous, finirent par inquiéter l'autorité ecclésiastique : le cardinal de Noailles le fit interdire, et cet interdit ne fut jamais levé.

A partir de ce jour-là, Pellegrin soupa encore, mais il ne dîna plus.

Petit abbé aussi, l'abbé de Lattaignant, — mais moins nécessiteux, moins éploré, moins tragique enfin que Pellegrin. Et de plus, chanoine de Reims en Champagne, ce qui nous a valu des chansons à boire qui ont vieilli certainement, mais qui avaient alors l'accent de la conviction. Les chansons à boire amenèrent les chansons à aimer, et nous eûmes les *Thémiréides*, — du nom de Thémire, une sainte du calendrier de Cythère.

Je ne sais si l'abbé de Lattaignant échappa à la misère, mais il passa bien près des coups de bâton. Il était difficile, en effet, que, dans le nombre de ses couplets, il n'offensât personne. Un des mécontents voulut lui donner la rétribution en vigueur dans pareil cas, — mais il se trompa et rendit victime de sa brutalité un autre chanoine.

Lattaignant en plaisanta longtemps et n'appelait plus ce dernier que son receveur.

Présentement, voici un des plus simples et des plus grands talents du xviiie siècle, l'auteur de *Manon Lescaut*, — l'abbé Prévost.

Quelle existence!

Tour à tour jésuite, soldat, gazetier, tantôt

dans le cloître, tantôt dans le monde, l'abbé Prévost ne fut jamais heureux, quoique d'un caractère tendre et crédule. — Il voyagea en Angleterre, puis en Hollande, où il passa plusieurs années en proie à toutes les agitations de l'amour, — et sans autres ressources que celles que lui procuraient ses ouvrages.

Je viens de relire dans la correspondance de Voltaire une lettre touchante de l'abbé Prévost, une demande de secours, hélas!

La carrière de l'abbé Prévost, après avoir été aussi romanesque que celle de ses héros, devait se terminer de la plus sombre façon. Une attaque d'apoplexie l'étendit au pied d'un arbre dans la forêt de Chantilly. Des paysans le portèrent chez un chirurgien qui, le croyant mort, se mit en devoir de l'ouvrir avec son scalpel... Un cri terrible du malheureux fit tomber l'instrument, mais le coup était porté ; — l'abbé Prévost n'avait ouvert les yeux que pour connaître son bourreau!

Petit abbé à ces prix-là,

Non, mes amis, non, je ne veux pas l'être!

XVII

UNE VENTE AUX ENCHÈRES

Un éditeur parisien a reçu une lettre singulière et touchante d'un de nos confrères les *mieux connus*, un des sept ou huit poëtes que l'on cite, lorsqu'on s'avise de citer des poëtes.

Dans cette lettre, dont on me communique quelques passages, le poëte en question exprime le besoin immédiat qu'il a d'argent (*Marques d'étonnement sur plusieurs bancs*) e raconte l'idée qui lui est venue pour s'en procurer.

C'est lui qui écrit :

« On raconte que le comte d'Orsay, pressé d'argent — lui aussi — mit en gage un bouton de l'uniforme de son père contre une somme assez considérable. Je crois avoir trouvé mon bouton. Écoutez-moi bien. Dans les premiers jours de la quinzaine prochaine, je mets en vente à l'hôtel de la rue Drouot... devinez ? Un SONNET.

» Vous avez bien lu, cher ami, oui, un sonnet.

» Je jouis de tout mon bon sens.

» Quatorze vers inédits, écrits de ma main, signés de mon nom.

» Pourquoi un sonnet ne serait-il pas enfin assimilé à toute autre œuvre d'art, à un tableau, à un bijou, à un émail, à une tabatière ? — Voilà trop longtemps qu'on nous compare à des artistes pour que nous n'ayons pas enfin les bénéfices des artistes. Voilà trop longtemps qu'on a dit de telle ou telle de mes poésies : « C'est un Watteau ! C'est un Téniers ! C'est un Clodion ! » pour que je n'aie pas acquis à mon tour le droit au marteau d'ivoire.

» Je vous assure que mon sonnet est travaillé, fouillé, avec toute la conscience superstitieuse que vous me connaissez. J'en suis content, c'est assez vous dire, — car je suis fièrement difficile.

» Posséder une page inédite d'un auteur marquant, n'est-ce donc pas un luxe ! Dans le cabinet d'un opulent amateur, mon sonnet copié de ma plus belle écriture, sur papier bristol, ne ferait-il pas bonne figure dans une coupe d'onyx, sur une table en mosaïque de Belloni ?

» Et puis, mon cher ami, il me plaît d'interroger l'opinion publique, de connaître ma valeur *sur la place*. Je veux savoir à quoi m'en tenir sur les sympathies que mon nom peut éveiller. C'est drôle : en mes rares heures d'orgueil, je m'imagine qu'il existe quelque part, surtout en province, au fond de certaines campagnes, des âmes que j'ai consolées ou amusées, et qui m'aiment. Elles n'attendent peut-être qu'un signal de moi pour se révéler... et me donner commission.

» Voyons, ne souriez pas trop !

» Je demeure, après tout, dans mon rôle d'écrivain : j'ai toujours eu affaire directement avec le public ; je ne fais pas autre chose aujourd'hui. — Brave public ! il m'a octroyé une petite réputation dont je le remercie de tout mon cœur. Il me croit riche sans doute ; je vais le désabuser par mon appel imprévu.

C'est une épreuve dont je sortirai peut-être humilié. *Ah! povero Calpigi!* — N'importe, j'en courrai la chance.

» Je ne suis pas de ceux qui désespèrent du faste de leur pays ; je crois encore à quelques grands seigneurs intelligents.

» Vous viendrez à l'hôtel Drouot, n'est-ce pas, mon cher éditeur? Il y a là tout un chapitre d'histoire littéraire avec ses enseignements. — Un sonnet aux enchères ! cela ne s'est jamais vu, même du temps de Benserade et de Voiture.

» La vente aura lieu dans la salle n° 5, par le ministère de M° Charles Pillet, commissaire-priseur, assisté de M. Théodore de Banville expert. Il sera perçu un droit de cinq pour cent sur le prix d'adjudication pour les frais de vente... »

Si vous l'avez trouvé plaisante, cette lettre, vous êtes perdus !

Ne me demandez pas ce que j'augure de cette vente sans précédent.

Je tremble, je doute.

Ah ! s'il s'agissait du mobilier de mademoiselle N... ou des brosses à dents et des pantoufles de la petite V..., cela irait tout seul.

XVIII

LA FEMME DE DEMAIN

Venu à Paris pour y manger une mine de diamants, le prince russe Basile ne tarda pas à se trouver fort embarrassé. Avant d'être rappelé par son empereur dans son gouvernement d'Ekaterinoslaw, il voulait réaliser un de ses rêves : — être ruiné par une femme !

Au premier aspect, cela peut sembler facile ; au second, cela est horriblement malaisé. Le prince Basile en acquit la preuve, à sa grande surprise. C'était un homme d'une érudition sans pareille, et qui aurait pu refaire la biographie, jour par jour, nuit par nuit, de Rhodope, d'Aspasie, de Phryné, de Cléopâtre, de Léontium, de Marion de Lorme et de la Duthé. — Aussi était-il un peu exigeant. Cela se conçoit.

Le prince Basile eut vite épuisé la liste des femmes à la mode : femmes du Bois, femmes des théâtres, femmes des cercles de jeux, femmes des restaurants, — femmes classées et primées entre tous les produits de haut goût de la civilisation parisienne. Son immense fortune lui permettait d'apporter dans ses relations galantes une promptitude et une intensité merveilleuses. Il semait des hôtels, il distribuait des voitures.

Ce train-là dura un an environ. Aucune

femme ne l'intéressa, aucune ne le ruina. Au bout d'un an, il se retrouva Russe comme devant et milliardaire comme toujours.

— Donc, elles se ressemblent toutes ! murmura le prince Basile en s'étendant d'un air fatigué sur ses coussins ; c'est insupportable, comprenez-vous ? On m'avait pourtant assuré que Paris était une ville de ressources. Décidément, ce n'est pas la femme d'aujourd'hui qu'il me faut, c'est la femme de demain. Mais où la trouver, ou plutôt comment la faire naître ?

Or, le congé du prince Basile était sur le point d'expirer ; il n'avait plus que quelques mois devant lui.

Le prince Basile mit sa mine de diamants au concours.

Les diamants à celle qui lui apporterait un

charme nouveau, une grâce nouvelle, une originalité nouvelle !

Les diamants à la femme de demain !

Mais cette fois le prince Basile ne se donna pas la peine de la chercher, il attendit qu'elle vînt à lui.

Et ce fut pendant quelque temps un cortége interminable à la porte de son hôtel. Des femmes de tous les pays et de toutes les conditions, de tous les visages et de tous les costumes, s'y succédaient avec une impatience doublée d'espérance.

Elles étaient toutes admises, — les unes après les autres, bien entendu.

Les unes après les autres, elles essayaient, par le sourire ou par la parole, de séduire le sultan blasé d'Ekaterinoslaw.

— Voulez-vous que je sois la plus insolente ?

— Voulez-vous que je sois la plus humble ?

— Voulez-vous que je sois la plus spirituelle ?

— Voulez-vous que je sois la plus bête ?

— Aimez-vous le rire? Je vais me tordre et pouffer.

— Les larmes vous conviennent-elles mieux? Je vais pleurer comme on pleure à l'Ambigu-Comique.

A toutes ces propositions le prince Basile répondait languissamment :

— Non.

Alors se déroulait la série des excentricités.

— Voulez-vous que je conduise vos chevaux ou que je monte derrière votre voiture ?

— Voulez-vous que je prenne un bain de kummel ?

— Voulez-vous que je concoure pour un prix à l'Académie française ?

— Voulez-vous que je vous cravache ?

Un moment attentif, le prince Basile retombait dans sa nonchalance et continuait à répondre :

— Non.

Les femmes se désespéraient. Une d'entre elles, refusée une fois, se fit teindre comme la *Namouna* du poëte, et revint pour se voir refuser encore.

Enfin, comme dans les contes de fées, il en arriva une dernière, une jeune fille blonde, à la physionomie douce, au maintien modeste.

Cette jeune fille, qui semblait venir de bien loin — et qui peut-être venait de bien près — dit au prince Basile, d'une voix musicale.

— Veux-tu que je t'aime ?

Le prince se souleva à moitié sur ses coussins.

— C'est une idée, cela... Répète donc, petite effrontée.

— Veux-tu que je t'aime ?

Aucune femme n'avait encore songé à adresser cette proposition au Russe.

Il se leva tout à fait.

— A toi la mine de diamants, dit-il.

C'était la femme de demain.

XIX

L. P. BEAUMEVIEILLE

Il faisait très-froid. Une matinée de carnaval ; neuf heures environ. Pas de neige ; je n'en ai point besoin pour attendrir le lecteur.

Un convoi funèbre parti de la rue Jacob se dirigeait vers l'église Saint-Germain-des-Prés. Le cortége était peu nombreux — et c'était bien fait. Il y a une énorme fatuité à se laisser enterrer de trop bon matin. C'est un défi imprudemment porté à l'affection humaine.

Je passe sur la demi-heure d'arrêt à Saint-Germain et sur le service religieux. Ce sont toujours les mêmes formalités. Cahin caha, le char arriva au cimetière Montparnasse. Est-il nécessaire de dire qu'en chemin le cortége s'était sensiblement diminué? C'est que les regrets, comme toutes les valeurs, ont leurs poids et leurs mesures. Il est des morts que l'on n'accompagne qu'au seuil de l'Église ; ils ne valent pas davantage sans doute. Pour d'autres on consent à tremper ses doigts dans l'eau bénite et à écouter jusqu'au bout les psalmodies du prêtre. Après quoi, l'on se dérobe discrètement et l'on retourne à ses affaires.

Il ne se trouva donc au cimetière qu'une douzaine de personnes. Elles se rangèrent silencieusement autour de la fosse creusée à l'avance, où le cercueil fut descendu avec des cordes. A ce moment, un individu essoufflé, qu'on n'avait vu ni à la maison mortuaire, ni à l'église, se fraya un passage au premier rang des assistants. On ne pouvait se méprendre sur la nature de ses intentions : il tenait un papier à la main.

Les fossoyeurs interrompirent leur besogne pour l'écouter.

Cet homme, de quarante ans environ, portait le vêtement noir et la cravate blanche de circonstance ; mais dans les autres détails de son ajustement un observateur aurait pu remarquer plus de recherche et de coquetterie qu'une cérémonie funèbre n'en comporte. Ainsi son linge était brodé de trop d'arabesques; son pantalon moulait trop élégamment sa jambe; trop fine était sa chaussure pour la saison. En revanche, il avait l'air profondément désolé, navré.

Il commença de la sorte :

— Messieurs, la tombe impitoyable vient encore de s'ouvrir pour recevoir un homme de bien, un juste... J'ai nommé Léon-Polyeucte Beaumevieille, fabricant de produits alimentaires, plusieurs fois médaillé. Je le connaissais depuis de longues années, et personne n'a été à même plus que moi d'apprécier les excellentes qualités de son cœur.... Beaumevieille, disons-le à sa louange, était sorti des derniers rang du peuple ; ce n'est donc qu'à lui seul, qu'à sa rare persévérance, qu'à son intelligence vraiment supérieure qu'il a dû sa belle position... sa position dans les denrées...

L'orateur s'arrêta un instant pour respirer. On put alors remarquer combien son visage était défait et pâle. Sa main tremblait en tenant son papier.

D'une voix rauque, il continua :

« Oui, messieurs, Léon-Polyeucte Beaumevieille avait le droit de se dire le fils de ses œuvres... Après un court séjour dans une étude d'avoué, chez Mº Hamincy, où revivaient les solides traditions de la vieille magistrature, des Séguier et des d'Esprémenil, — il s'élança exclusivement dans la connaissance des productions de notre sol.

» Possesseur d'une usine considérable, sise à Conflans-Sainte-Honorine, Beaumevieille, qui avait trouvé sa voie, attacha tour à tour son nom à des découvertes et à des améliorations qui dateront dans les annales de la science industrielle...

» C'est à lui qu'on doit principalement la fécule de mouron, qui rend chaque jour tan de services à l'alimentation moderne et contre laquelle sont venues s'émousser les dents de l'envie... Le souvenir de Beaumevieille vivra longtemps parmi les hommes.

» Chez lui, le citoyen était à la hauteur du commerçant : s'il favorisa les progrès de l'esprit humain dans une équitable mesure, il sut du moins éviter les folles utopies qui sont le fléau de notre pays. Pionnier de l'avenir, il fut en même temps soldat de l'ordre... Aussi les honneurs vinrent-ils trouver Beaumevieille sans qu'il les sollicitât : nommé juge au tribunal de commerce de la Seine, il s'acquitta de ces imposantes et délicates fonctions de manière à se concilier les sympathies générales... générales... Beaumevieille...

Une seconde fois, l'homme au discours s'interrompit. Décidément, il était horriblement fatigué. On devinait qu'il avait dû passer la nuit, surtout si l'on considérait son costume, — qui était plutôt un costume de bal que d'enterrement.

Il fit néanmoins un effort, et poursuivit :

— Pardonnez, messieurs, à la douleur qui me suffoque... qui me coupe la voix. Et toi, Beaumevieille, toi, mon respectable ami, ne dédaigne pas les humbles fleurs que je tresse à ton intention. Je reviendrai souvent sur ta tombe apprendre de ton ombre les grandes leçons de la vie et me retremper dans les ivresses austères du devoir... Adieu, Mabeauvieille... ma pauvre viei... non, Beaumevieille. Adieu ! adieu !!!

Succombant à son émotion, l'orateur fouilla dans la poche de son habit pour y chercher un mouchoir. Alors un spectacle imprévu se produisit : en même temps que son mouchoir, il attira un nez de carton, un énorme nez de carton ombragé d'une épaisse moustache de crin — un nez qui sortait évidemment du bal de l'Opéra.

Le nez de carton tomba dans la fosse et rebondit avec bruit sur le cercueil.

Presque aussitôt il disparaissait sous les pelletées de terre qu'on se hâta de jeter.

..... Allez au cimetière Montparnasse ; suivez la première allée à gauche : une colonne tronquée est au bout. C'est là que Léon-Polyeucte Beaumevieille, fabricant de produits alimentaires, juge au tribunal de commerce de la Seine, dort pour l'éternité sous le nez de carton de son ami.

XX

LES DEUX REPORTERS

(*La scène se passe chez un ministre d'aujourd'hui ; Son Excellence travaille seule dans son cabinet. Tout à coup, une rumeur parvient à ses oreilles. Il sonne. Un huissier se présente.*)

LE MINISTRE. — Qu'est-ce que c'est que ce bruit, Joseph ?

L'HUISSIER. — Monsieur le ministre, c'est un individu qu'on vient de surprendre dans un placard.

LE MINISTRE. — Diable ! un malfaiteur !

L'HUISSIER. — Non. Un reporter.

LE MINISTRE. — Encore ! Voilà le troisième depuis ce matin.

L'HUISSIER, *en souriant*. — Monsieur le ministre veut dire le septième.

LE MINISTRE. — En vérité !

L'HUISSIER. — Oui ; j'ai pris sur moi d'éconduire plusieurs de ces messieurs.

LE MINISTRE. — Joseph, vous êtes un employé précieux... Faites-moi penser à vous donner des billets pour le théâtre Cluny.

L'HUISSIER. — Monsieur le ministre sort ?

LE MINISTRE. — Parbleu ! Est-ce que vous croyez que je vais m'amuser à recevoir tous vos reporters ? J'ai bien d'autres choses à faire, vraiment. Recevez-les, si vous voulez, vous, Joseph ; répondez à leurs questions comme vous l'entendrez. Montrez-leur mes appartements, s'ils insistent; mes tableaux, mes objets d'art. J'aime la presse, tout le monde le sait, je n'ai rien de caché pour elle. — Je vous laisse carte blanche, Joseph. (*Sortie du ministre.*)

L'HUISSIER, *introduisant un vieux reporter.* — Entrez, Monsieur, entrez; vous avez une figure respectable et qui inspire la confiance. Je crois d'ailleurs vous avoir vu du temps du précédent ministre...

LE VIEUX REPORTER. — Et du temps de l'autre aussi... et de tous les autres.

L'HUISSIER. — Voici le cabinet de Son Excellence.

LE VIEUX REPORTER, *s'inclinant.* — Le sanctuaire !

L'HUISSIER. — Vous y êtes admis par faveur spéciale. Vous pouvez à loisir examiner l'ameublement. Je vous laisse pour aller à mes fonctions.

LE VIEUX REPORTER. — Faites comme chez vous.

L'HUISSIER. — Je reviendrai vous prendre dans un quart d'heure.

LE VIEUX REPORTER. — Mille remercîments ! Voulez-vous me permettre de vous offrir des billets pour la salle Taitbout ?

L'HUISSIER. — J'ai déjà refusé mieux. (*Sortie de l'huissier.*)

LE VIEUX REPORTER, *seul*. — Je le connais par cœur, ton ameublement ! C'est toujours le même depuis quinze ans ; je l'ai décrit je ne sais combien de fois, à vingt centimes la ligne. Voici le canapé aux bras en col de cygne, les fauteuils à pied de sphinx, les chaises à dos de lyre. Rien de changé, rien de nouveau, si ce n'est le portrait du maréchal qui a remplacé le portrait de M. Thiers, qui avait remplacé le portrait de M. Trochu, qui avait remplacé le portrait de... (*Tout à coup on entend un grand bruit.*) Ah ! mon Dieu ! qu'est-ce qu'il y a ?

UN JEUNE REPORTER, *dégringolant par la cheminée en entraînant un tas de plâtras.* — Excusez-moi... je vous prie de m'excuser.

LE VIEUX REPORTER. — Je ne me trompe pas ; c'est un collègue... le petit Kernanflèche, de l'*Argus*.

LE JEUNE REPORTER. — Excellence, ma confusion est sans bornes... Je n'avais que ce moyen pour parvenir auprès de vous.

LE VIEUX REPORTER, *à part.* — Il vient me couper l'herbe sous le pied. Petit gueux !

LE JEUNE REPORTER. — Je ne me relèverai

pas avant que vous m'ayez accordé mon pardon, Excellence.

LE VIEUX REPORTER, *à part*. — Excellence!... Il me prend pour le ministre. Si j'osais?... Ma foi! l'occasion est trop belle, et puisqu'il ne me connaît pas... (*Il boutonne son habit et se donne une allure dite officielle*). Monsieur, qui êtes-vous ?

LE JEUNE REPORTER. — Kernanflèche... Gontran de Kernanflèche, collaborateur du journal l'*Argus*...

LE VIEUX REPORTER. — Essuyez-vous.

LE JEUNE REPORTER. — De l'*Argus*, qui tire à cinquante mille exemplaires.

LE VIEUX REPORTER, *à part*. — Blagueur !

LE JEUNE REPORTER. — Mon rédacteur en chef est excessivement friand de renseignements intimes sur les célébrités. Or, comme vous êtes en ce moment, Monsieur le Ministre, l'homme qui occupe le plus l'attention publique, il m'a envoyé vers vous dans l'espoir que vous voudriez bien... que vous daigneriez...

LE VIEUX REPORTER. — Vous renseigner sur moi-même, n'est-ce pas ? (*A part.*) Attends ! attends ! je vais t'en donner des renseignements !

LE JEUNE REPORTER, *à part.* — Il est charmant, le ministre. Préparons-nous à prendre des notes. (*Il tire un carnet de sa poche.*)

LE VIEUX REPORTER, *se renversant majestueusement dans son fauteuil.* — Mon Dieu ! Monsieur de Kernanflèche, vous m'embarrassez singulièrement... Ce que je consens à faire pour vous, je ne l'ai jamais fait pour personne, car, s'il faut vous le dire, je suis peu partisan de ces incursions dans la vie privée. — Voyez donc si la porte est bien fermée.

LE JEUNE REPORTER. — Oui, Excellence...

Mais ne vous mettez point en peine : mon rédacteur en chef a tout prévu; il m'a tracé le programme des questions que j'oserai vous adresser.

LE VIEUX REPORTER, *à part*. — Absolument ma manière de procéder... Le petit drôle ! (*Haut.*) Eh bien ! Monsieur, questionnez.

LE JEUNE REPORTER. — Croyez que ma gratitude... Vapereau fait naître Votre Excellence vers 1815...

LE VIEUX REPORTER. — Vapereau ne sait ce qu'il dit.

LE JEUNE REPORTER. — Dans un château aux environs de Vendôme.

LE VIEUX REPORTER. — Vapereau bat la breloque. Je suis né à Paris, rue Mouffetard.

LE JEUNE REPORTER. — Bah ! (*Il prend des notes.*) Votre famille était noble...

LE VIEUX REPORTER. — De cœur, c'est possible.

LE JEUNE REPORTER. — Votre père avait servi avec honneur sous le premier Empire...

LE VIEUX REPORTER. — Comme valet de chambre, oui.

LE JEUNE REPORTER, *étonné*. — Votre Excellence veut plaisanter, sans doute !

LE VIEUX REPORTER. — Monsieur de Kernanflèche, l'heure présente est grave, et le moment est venu de faire parler à l'histoire le langage austère de la vérité. Écrivez ce que je vous dis.

LE JEUNE REPORTER. — Avec empressement. Votre Excellence fit ses études au collége Charlemagne...

LE VIEUX REPORTER. — Où j'acquis bientôt la réputation d'un détestable *potache*.

LE JEUNE REPORTER. — Pourtant, ce prix d'honneur que vous obtîntes...

LE VIEUX REPORTER. — Vous confondez avec Assollant.

LE JEUNE REPORTER, *abasourdi*. — Que d'erreurs à rectifier !... Arrivons à votre jeunesse. Monsieur le Ministre, elle fut sévère, comme votre enfance avait été studieuse.

LE VIEUX REPORTER. — Heu! heu!

LE JEUNE REPORTER. — Après le collége, l'École de droit.

LE VIEUX REPORTER. — Et le Prado

LE JEUNE REPORTER. — Les cours du collége de France.

LE VIEUX REPORTER. — Et les chopes du café Belge.

LE JEUNE REPORTER. — Les chopes, Monsieur le Ministre?

LE VIEUX REPORTER. — Sans faux col, par exemple.

LE JEUNE REPORTER. — Sans... (*Il prend rapidement des notes.*) Inimaginable !

LE VIEUX REPORTER. — C'était le bon temps alors, le temps où florissait Maria l'anguille et Berthe-comme-ses-pieds, enivrantes créatures !

LE JEUNE REPORTER, *stupéfait*. — Votre Excellence laisserait-elle entendre que son cœur a quelquefois battu ?...

LE VIEUX REPORTER. — Si mon cœur a battu ? Mais il bat toujours ! il bondit ! mon cher Kernanflèche ! il bondit !

LE JEUNE REPORTER, *à part*. — Son cher Kernanflèche ! (*Il continue à prendre des notes.*)

LE VIEUX REPORTER. — Les femmes, il n'y a que ça... comme dit Macaulay. Sans elles, pourrais-je supporter le fardeau du pouvoir !

LE JEUNE REPORTER, *à part*. — Il va bien... Qui est-ce qui aurait pu supposer cela?... Profitons de sa bonne humeur pour lui arracher *l'emploi de sa journée*.

LE VIEUX REPORTER, *à part*. — Comment! il n'en a pas assez? Je lui en ai déjà flanqué pour trois cents lignes.

LE JEUNE REPORTER. — Votre Excellence se porte-t-elle bien?

LE VIEUX REPORTER. — Merci. Et vous.

LE JEUNE REPORTER. — Je veux dire : Votre Excellence jouit-elle d'une robuste constitution?

LE VIEUX REPORTER. — Très-robuste. A part quelques coliques de temps en temps...

LE JEUNE REPORTER. — Et alors?...

LE VIEUX REPORTER. — Quoi alors?... Oui. (A part.) Ah çà il est singulier, ce jeune homme!

LE JEUNE REPORTER. — Vous vous levez de bonne heure ?

LE VIEUX REPORTER. — De très-bonne heure... aux bougies... au son d'une douce musique cachée dans une pièce voisine. Une fois debout, je me fais habiller par mes femmes de chambre.

LE JEUNE REPORTER. — Des femmes de chambre ?

LE VIEUX REPORTER. — Oui ; leur service est plus délicat. Prenez donc vos notes. Je déjeune trois fois, comme sur les paquebots. Mes mets préférés sont les escargots à la bourguignonne et le miroton. Après mon troisième déjeuner, je me rends au conseil en vélocipède, pour activer ma digestion. Le soir, dîner à fond de train et le tremblement. Voilà.

LE JEUNE REPORTER. — Ensuite ?

LE VIEUX REPORTER, *se levant*. — Ah ! non.

Vous ne le voudriez pas, farceur ! (*Il lui tape sur le ventre.*)

LE JEUNE REPORTER. — Bravo ! (*Il écrit sur son carnet : Le ministre a l'habitude de taper familièrement sur le ventre de ses interlocuteurs.*) Mon rédacteur en chef sera enchanté.

LE VIEUX REPORTER. — Je le crois bien ! Avec les renseignements que je viens de vous donner là, vous pourrez vous vanter d'avoir servi à vos lecteurs un ministre comme il eût été impossible à vos confrères de s'en procurer un. A revoir, Monsieur de Kernanflèche.

LE JEUNE REPORTER. — Mille grâces, Excellence. (*Il sort, après avoir salué profondément.*)

LE VIEUX REPORTER. — Roulé !

XXI

A UN MAUVAIS ACTEUR

Qu'est-ce que j'apprends? Qu'est-ce que c'est? Tu deviens bon, toi ! Les bras m'en sont tombés ce matin, lorsque j'ai lu ce passage du feuilleton de Sarcey : « Dans le rôle assez difficile du shérif Harris, M. Maxence s'est fait remarquer et a montré un talent que nous ne lui connaissions pas.» Parbleu ! je le crois bien ; ni lui ni personne ! — Ah çà ! qu'est-ce qui te prend, mon pauvre Maxence ? Tu te mets à avoir du talent, maintenant ! à ton âge ! Est-ce que tu n'as pas honte ? Veux-tu donc manger le pain des autres ?

Un shérif ! Monsieur joue des shérifs aujourd'hui ? Mais tu n'as jamais su ce que c'est qu'un shérif, malheureux ! — A la cantonade, bien vite ! — Toi, du talent ? Jamais de la vie ! Tu es le contraire du talent, et c'est ce qui fait ta gloire à mes yeux. Sarcey se moque de toi avec son feuilleton ; d'ailleurs, Sarcey est myope, cela est connu ; il t'aura pris pour un autre. Ne va pas le croire, au moins. C'est un coup qu'on veut te monter.

Tu es mauvais, Maxence, entends-tu ; doute de tout, excepté de cela. Tu es atrocement et désespérément mauvais ; voilà pourquoi tu m'intéresses tant. Ne cherche pas à me comprendre. Tu me reposes des grands acteurs, des acteurs demi-dieux, qui marchent dans un nuage d'encens, et qui ne descendent sur la terre que pour payer leur abonnement à la *Gazette des Théâtres*. De ceux-là, il y en a plus que je n'en veux ; des acteurs profonds, originaux, inspirés, habiles, flamboyants, oseurs, chercheurs, fouilleurs, tous supérieurs ! On ne sait auquel entendre, lequel admirer. Le moindre bouiboui a son « idole du public » — et une affiche n'est plus possible qu'avec sept ou huit noms en vedette.

Toi seul, ô Maxence, tu me délasses, tu me détends les nerfs. Je me dis, en te voyant jouer (si tant est qu'on puisse appeler cela jouer) : « Enfin, en voilà donc un qu'on ne rappelle pas, qu'on ne couronne pas, qu'on n'applaudit ni à son entrée ni à sa sortie ! En voilà donc un qui n'a pas de nom et qui ne s'en fera jamais ! En voilà donc un qui n'est pas sublime, pas même intelligent, pas même médiocre ! Enfin, voici donc un mauvais acteur ! Ah ! »

Et je te regarde avec délices aller et venir dans le drame auquel tu sembles complétement étranger, fagoté comme un masque de l'ancienne Courtille, la barbe trop bleue, les joues trop fardées, audacieusement piteux, résolument gauche, sans contenance, les yeux tantôt au lustre et tantôt à la boîte du souffleur ! Et je t'écoute avec bonheur parler à contre-sens, avec une voix qui me rappelle des bruits de friture entendus dans certains faubourgs ! On dirait parfois que tu railles le rôle que l'on t'a confié, et que tu t'attaches à précipiter la chute du drame. — Mais non, des idées aussi spirituelles ne sauraient germer dans ton cerveau étroit. Tu es mauvais avec candeur, Maxence, tu es honnêtement mauvais.

Reste mauvais, je t'en supplie. Ne mens pas à tout ton passé. N'es-tu donc pas heureux comme tu es, sans rival dans ton emploi? Tu as ta valeur dans ton genre, parole d'honneur. N'est pas mauvais qui veut, c'est un don. On t'égalerait difficilement, on ne te surpasserait certainement pas. Tu es complet, tu es classique. Tu représentes quelque chose, une tradition. Tu continues un type éternellement déshérité et éternellement humilié. À Rome, tu t'es fait *empoigner* par le public à côté de Roscius : au Mans, tu as compromis les *effets* de Destin et de mademoiselle de l'Étoile ; au commencement de ce siècle, tu as étonné Rosambeau lui-même. Tu appelles le sifflet, la huée, le trognon de pomme, le gros sou, la botte de foin. Tu es indispensable dans l'histoire du théâtre.

Reste mauvais, mon cher Maxence. Cesse

de courir après le talent, cette chose aujourd'hui si commune, si discréditée. Maxence, arrête-toi sur cette pente funeste ; garde ta fierté, mon bon. Que deviendrions-nous, et que deviendrait la joie de ce monde, si la race des mauvais acteurs allait disparaître? Reviens à de meilleurs sentiments, et laisse à tes camarades les soucis du génie, les dégoûts de la renommée. *L'art n'est pas fait pour toi*, t'aurait dit Voltaire. Continue à être mauvais, Maxence.

Et surtout, — plus de shérifs!

XXII

UN BOUQUINISTE.

Il y a encore des gens qui persistent à mourir de faim dans Paris, sans doute pour ne pas laisser se perdre entièrement la tradition. Ils y mettent d'ailleurs une certaine discrétion, ils s'en vont poliment, à l'heure du crépuscule, comme pour ne déranger personne. On les avait vus hier, on ne les voit plus aujourd'hui. C'est l'histoire toute récente d'un pauvre diable de bouquiniste qui occupait, il y a une semaine encore, une toute petite place sur le parapet du quai Voltaire, juste en face de la maison du *Moniteur universel*. Son étalage était des plus modestes : quatre ou cinq boîtes de livres et autant de médailliers remplis de vieilles pièces de monnaie. Les livres n'étaient pas bien curieux, les médailles n'étaient pas bien rares. Quant au bouquiniste, un petit homme encore jeune, trente-cinq ou trente-six ans, né maigre, mais surtout amaigri par la mauvaise fortune ; un nez pointu comme une vrille, et des lunettes sur ce nez ; habillé d'un méchant veston lui collant au dos, chaussé de semelles aussi minces que des feuilles de papier ; et malgré cela, un air de vivacité, quelque chose qui essayait d'être un sourire.

On l'appelait Valery. Je lui parlais quelquefois, comme je parle à presque tous les bouquinistes. Il avait de l'instruction ; il était au courant du mouvement littéraire. Il connaissait la plupart des habitués du quai : il savait l'heure à laquelle passe M. de Sacy, et celle à laquelle s'en revient M. Saint-René Taillandier.

— Voici M. Jules Sandeau qui se rend à la Mazarine, disait-il ; comme il fume gaillardement son cigare ! Quelle allure d'homme heureux et dispos !... Je n'ai pas vu M. Marmier depuis quelque temps ; il faut qu'il soit en voyage.

Je m'amusais du babillage de Valery. Il était la gazette vivante du quai. J'ignorais sa profonde misère. En général les bouquinistes riverains ne sont pas dépourvus de ressources; il en est même quelques-uns d'aisés. Trouvant peu de chose à glaner dans le maigre étalage de Valery, je lui achetais rarement.

Un jour seulement, j'eus le pressentiment de son indigence en le voyant insister pour que je m'arrangeasse d'une édition à laquelle il manquait le faux titre et un portrait.

— Qu'est-ce que vous voulez que je fasse de cela? lui disais-je.

— Étrennez-moi, prononça-t-il en me mettant le livre dans les mains; étrennez-moi...

Il était six heures du soir.

Je compris.

Un autre lien me rattachait à cet humble bouquiniste; il s'agit ici d'un détail tout personnel. Chaque jeudi, plus ou moins régulièrement, je me dirige vers les quais, car le jeudi est le jour de promenade des lycéens, que l'on mène souvent aux Champs-Élysées ou aux Invalides. J'ai l'espoir d'y rencontrer mon fils aîné et de lui dire bonjour au passage. Valery avait été témoin de ma manœuvre ; au bout de quelques jeudis mon fils lui était connu.

— L'avez-vous vu? lui demandais-je lorsqu'il m'arrivait de me trouver en retard au rendez-vous.

— Oui, me répondait-il en se frottant les mains par un geste qui lui était familier et qui indiquait l'habitude du frisson combattu ; oui, je l'ai vu...

De son côté, l'enfant avait remarqué le bouquiniste ; en passant il le tirait par la manche; cela voulait dire :

— Donnez de mes nouvelles à mon père.

Tels étaient mes rapports avec ce brave homme. Il me reste à raconter comment j'appris sa mort. C'était jeudi dernier. J'accomplissais mon pèlerinage accoutumé au quai Voltaire ; plus de Valery, plus d'étalage, —

une place blanche et nette sur la pierre. Un bouquiniste voisin s'approcha de moi et me dit :

— Vous êtes étonné de ne plus voir ici M. Valery ?

— Ma foi, oui, répondis-je ; est-ce qu'il lui est arrivé quelque accident ? serait-il malade ?

— Il n'est plus.

— Comment ?

— M. Valery est mort.

— Mort... de quoi ? murmurai-je, étourdi par cette nouvelle.

— Mort d'inanition... ou de besoin, si vous aimez mieux. Il en était à son dernier sou. La timidité l'empêchait d'avouer sa situation. L'autre dimanche, il s'est décidé pourtant à demander un verre d'eau rougie au marchand d'armures, à côté du *Moniteur*. Le soir il a voulu, selon son habitude, emporter à bras ses pauvres boîtes... il n'en a pas eu la force... J'ai été obligé de l'aider. Depuis on ne l'a plus revu. Il paraît qu'on l'a trouvé sans connaissance au coin d'un trottoir et qu'on l'a transporté à l'hôpital de la Pitié, où il est mort au bout de quelques heures.

— Mort! répétai-je, sans revenir de ma surprise ; n'avait-il donc aucuns parents ?

— Si, mais il n'osait plus s'adresser à eux... Peut-être avait-il abusé... Un oncle est venu... trop tard... dans le cabinet qu'il occupait rue de Seine, hôtel du Mont-Blanc. Cet homme a dit comme tout le monde : « Ah ! si j'avais su ! » C'est toujours comme cela.

— Ne pouvait-il tirer parti en bloc de ses livres, de ses médailles ?

— Oh ! oh ! ses livres ! Vous savez bien, monsieur, qu'ils ne valaient pas grand'chose. Quant à ses médailles, les meilleures avaient pris depuis longtemps le chemin du Mont-de-Piété. Je vous dis que Valery était bien sans ressources et à la fin de son rouleau. La preuve c'est que les employés des contributions sont venus pour le saisir ce matin.

— Les contributions? fis-je.

— Ah! c'est juste... vous ignorez... Apprenez donc que les Contributions directes perçoivent un droit de vingt-cinq francs pour l'emplacement occupé par chaque bouquiniste, en outre des autres vingt-cinq francs que nous demande la Ville... Vous pensez bien que Valery n'était pas toujours très-exact à payer; aussi, comme je vous le disais, les employés sont arrivés ce matin pour saisir sa marchandise... Ils se sont cassé le nez sur les pierres du quai.

J'étais demeuré immobile et pensif pendant ce récit.

A cet instant, mon fils vint à passer avec sa division du lycée Saint-Louis.

Il se détacha de son rang et courut m'embrasser.

Voyant une larme sur ma joue, il m'interrogea du regard.

Je lui montrai la place vide du bouquiniste.

XXIII

LA CHAMBRE N° 14

En passant à Lyon, il y a un mois, je suis descendu dans un hôtel de deuxième ordre, — un ancien hôtel, — et j'ai dit à l'hôtelière :

— Madame, pouvez-vous me donner la chambre n° 14 ?

La grosse femme qui, depuis dix ans et plus, se tient assise dans le bureau, auprès d'un cadre de clefs, m'a répondu :

— Oui, Monsieur, justement elle est libre

depuis ce matin... Ah! Monsieur se souvient de la chambre n° 14? C'est la plus belle de la maison. Marie, conduisez Monsieur au n° 14...

Pourquoi avais-je choisi cet hôtel, vieux de cent à cent cinquante ans, très-propre d'ailleurs et parfaitement famé, mais éloigné de ce qu'on appelle le *centre des affaires et des plaisirs?*

C'était d'abord et principalement parce que je l'avais habité autrefois, à l'époque la plus heureuse — sinon la plus fortunée — de ma vie. Ensuite, c'était pour protester contre l'hôtel moderne.

Je hais l'hôtel moderne.

J'ai froid lorsque j'entre dans l'hôtel moderne. Plus il est grand, plus il me fait peur. Les chambres s'y ressemblent toutes; elles sont toutes recouvertes du même papier. Pas de tableaux, aucun ornement. Voici un lit pour se coucher; voici des chaises pour s'asseoir. Au coin de la cheminée, un bouton blanc représente une sonnette électrique.

En une inspection de trois minutes, vous connaissez votre chambre comme si vous y aviez demeuré pendant plusieurs années.

Et les garçons de l'hôtel moderne ! Des messieurs imposants, glacés, ennuyés, imperturbables. Comment oser les prier d'épousseter un vêtement ou les envoyer acheter deux sous de cérat?

Parlez-moi de l'ancien hôtel! Parlez-moi de la chambre n° 14 !

La chambre n° 14 est un grand carré avec deux grandes fenêtres à jalousies. — Remarquez-vous comme les jalousies s'en vont ? — Au fond, dans une alcôve, on aperçoit le lit qui est immense; les rideaux, d'indienne peinte, tombent d'une *couronne* en bois doré.

Après le lit, la commode est le meuble le plus important de la chambre n° 14; elle est massive, elle est rebondie, elle a des poignées de cuivre à tous ses tiroirs.

Le froid du carreau, irréprochablement ciré, est atténué à de certaines places par des bandes d'étoffes *jouant* le tapis. Deux fauteuils avec leurs housses se font vis-à-vis.

Il y a aussi un secrétaire, qui se plaint en s'ouvrant, et d'où s'exhale une odeur d'encre moisie.

La pendule est du plus pur albâtre; elle est accompagnée de la traditionnelle paire de vases de fleurs artificielles enfermées dans des globes de verre, — et surmontée d'un trumeau peint, de la plus belle époque. O le trumeau! cette chose charmante! ce paysage bleu, ce cavalier vert, cette paysanne à cotte rouge, ce castel en ruines! Si effacé qu'il soit, ce trumeau est toujours souriant...

Les tableaux n'ont pas été ménagés; on devine que la propriétaire de l'hôtel s'est dépouillée pour embellir la chambre n° 14. — Ce sont deux têtes d'étude au crayon noir, un Romulus et une Hersilie, avec le *fecit* de l'élève et la date : 1825. Puis, un site agreste brodé en perles et ces mots au-dessous: *Vive mon cher oncle!*

Un gros cordon, placé au chevet du lit, va donner le branle à une sonnette retentissante, presque une cloche. Ce bruit joyeux attire non pas un garçon plagié sur un diplomate, mais une servante active, éveillée, prompte à la parole. — A la bonne heure!

Il est vrai qu'à regarder tout cela j'ai souvent perdu bien des heures. Tout est pour moi sujet à étonnement, à rêverie, à retour vers le passé, dans la chambre n° 14.

Tandis que la chambre de l'hôtel moderne, la chambre sévère et confortable, semble me dire par la voix de sa sonnette électrique :

— Hâte-toi ! hâte-toi ! Dors peu ! lève-toi tôt ! ne rêve pas... Le temps est à l'action !

Je hais l'hôtel moderne.

XXIV

LE DERNIER FAUST

A Paul Arène.

PROLOGUE DANS LE CIEL

Des nuages, rien que des nuages, trop de nuages.

LES TROIS ARCHANGES, puis MÉPHISTOPHÉLÈS

UN SON, dans le lointain. — Boum !... Boum !...

RAPHAEL. — Qu'est-ce que c'est que ça ?

GABRIEL. — Ça ? ça ne peut être que le tonnerre.

MICHEL. — En effet.

TOUS LES TROIS. — Le tonnerre résonne sur le mode antique dans le chœur harmonieux des sphères.

MÉPHISTOPHÉLÈS, survenant. — En voilà des serins ! Ils prennent ce bruit pour celui du tonnerre.

RAPHAEL. — Encore toi, maudit ?

MÉPHISTOPHÉLÈS. — Et pourquoi pas ? Est-ce que vous avez loué le décor pour vous seuls, par hasard ?

RAPHAEL. — Je vais te faire mettre à la porte.

MICHEL. — Où est ma lance ?...

MÉPHISTOPHÉLÈS. — Vous oubliez, mes petits, que j'ai mes libres entrées.

GABRIEL. — Sous l'ancienne direction, c'est possible, mais...

LE MÊME SON, du lointain. — Boum !

LES TROIS ARCHANGES. — Le tonnerre résonne sur le mode antique dans le chœur harmonieux des sphères.

MÉPHISTOPHÉLÈS. — Non, Raphaël ; non, Gabriel ; non, Michel ; ce que vous entendez, ce n'est pas le tonnerre.

RAPHAEL. — Qu'est-ce que c'est alors ?

MÉPHISTOPHÉLÈS. — C'est le dernier écho de la dernière volée de coups de canon que les hommes se sont envoyés entre eux sur la terre de France.

GABRIEL. — Allons donc! Il y a plus de vingt mois que la guerre est finie.

MÉPHISTOPHÉLÈS, haussant les épaules. — Ignorez-vous donc le nombre de kilomètres que le son parcourt à la seconde ? Ah çà! on n'a donc ici aucune idée des lois de la physique ? Drôle de boîte! — Apprenez, mes amours...

RAPHAEL, sévèrement. — Méphisto!

MÉPHISTOPHÉLÈS. — Mes anges, veux-je

dire... Apprenez qu'à la hauteur où votre paradis est perché, vingt mois représentent juste le temps qu'il faut à un coup de canon pour arriver à vos célestes oreilles. Lisez Jules Vernes ! Lisez Jules Vernes !

GABRIEL. — Tu te gausses de nous !

MICHEL. — Nous n'avalons pas cela, Méphistophélès.

MÉPHISTOPHÉLÈS. — Avalez ou n'avalez pas, mes enfants ; c'est le cadet de mes soucis... Je ne suis pas venu pour faire votre éducation.

RAPHAEL. — Au fait, pourquoi es-tu venu ?

MÉPHISTOPHÉLÈS. — J'ai besoin d'une passe pour me rendre sur terre... d'un permis de circulation, aller et retour.

RAPHAEL. — Tu en demandes bien souvent, des permis de circulation.

MÉPHISTOPHÉLÈS. — Bah ! qu'est-ce que cela

coûte à votre Compagnie? Il est si riche le réseau du Grand Sidéral.

RAPHAEL. — Allons, Michel, signe-lui une passe... valable pour trois mois. (A Méphistophélès.) Tu sais, maudit, qu'elle est personnelle ; ne va pas t'aviser de la prêter à Belzébuth ou à Asmodée.

MÉPHISTOPHÉLÈS. — Soyez tranquilles.

MICHEL, lui donnant la passe. — Voilà.

MÉPHISTOPHÉLÈS. — Merci, mes chérubins. Ne vous dérangez pas pour me reconduire... je connais le chemin. (Il piétine sur les nuages et s'enfonce graduellement.)

SCÈNES DE LA VIE CRUELLE

UNE CHAMBRE ENCOMBRÉE DE PENDULES

Une redingote de fusilier poméranien est accrochée au mur. Le docteur Faust fume et boit, — car depuis longtemps il ne lit plus.

MÉPHISTOPHÉLÈS, FAUST.

MÉPHISTOPHÉLÈS. — Holà ! debout !

FAUST. — Tu m'embêtes.

MÉPHISTOPHÉLÈS. — Debout !.... Kling ! klang ! housch ! dling ! dling ! hop ! hop ! trap !

FAUST. — Ça va finir ? — Je les connais tes onomatopées romantiques.

MÉPHISTOPHÉLÈS. — Les chevaux hennissent et frappent du pied le sol... En route ! Faust, en route !

FAUST. — J'en ai assez, te dis-je.

MÉPHISTOPHÉLÈS. — Eh quoi ! tu ne veux plus savoir ? (Fredonnant.) *Vie errante... est chose enivrante !*

FAUST. — Je suis las... Quand on a fait, comme moi, partie de la landwher, on ne demande qu'à se reposer. Six mois de campagne! Merci !.

MÉPHISTOPHÉLÈS. — Était-ce de ma faute?

FAUST. — Eh! tarteifle ! j'avais passé l'âge... Ce sont tes rajeunissements qui m'ont fait pincer.

MÉPHISTOPHÉLÈS. — Dans tous les cas, tu n'as pas à te plaindre... tu as vu la France...

FAUST. — Et pris Paris aussi, n'est-ce pas?

MÉPHISTOPHÉLÈS. — D'une manière oui.

FAUST. — Mais de l'autre... non. Et pourtant Dieu sait (Grimace de Méphistophélès.) si j'aspirais après Paris... Paris où je n'ai pas remis les pieds depuis le jour où j'y portai ma première bible à Louis XI.

MÉPHISTOPHÉLÈS. — Comment ! pas remis

les pieds !... Tu oublies que tu es entré en vainqueur dans... les Champs-Elysées.

FAUST. — Et qu'en vainqueur aussi j'ai pu coller mon nez aux grilles du jardin des Tuileries. Le beau triomphe ! Après un hiver passé dans la neige et dans la boue... Rêver de plaisirs babyloniens pour se réchauffer, et, quand Babylone est prise, se contenter d'y boire un bock dans un coin des Champs-Élysées ! Être obligé de se rabattre sur les pendules de la banlieue et les coucous des sous-préfectures !... Tout cela m'écœure quand j'y pense.

MÉPHISTOPHÉLÈS. — Cette fois-ci, Faust, tu pourras réaliser tes rêves les plus effrénés : c'est à Paris que je t'emmène, non plus dans un quartier seulement, mais dans tous les quartiers, « au sein de la capitale, » comme on dit en style académique. Ta fantaisie pourra s'en donner à cœur joie... Et moi aussi je serai content de me retremper dans la grande fournaise!

FAUST. — Cesse de me tenter, serpent!

MÉPHISTOPHÉLÈS. — A Paris, Faust, à Paris!

FAUST, ébranlé. — Tout de bon?

MÉPHISTOPHÉLÈS. — Quand je te le dis!

FAUST. — Eh bien! (Il cogne sur la table pour vider le fourneau de sa pipe.) Allons-y!

MÉPHISTOPHÉLÈS. — A la bonne heure! — En route!

FAUST. — Laisse-moi embrasser Gothe.

MÉPHISTOPHÉLÈS. — Qu'est-ce que c'est que Gothe?

FAUST. — Ma nouvelle femme de chambre.

MÉPHISTOPHÉLÈS. — A quoi bon?

FAUST. — Au fait, ça n'en finirait pas.

MÉPHISTOPHÉLÈS. — Et puis, tu en embrasseras bien d'autres à Paris!

FAUST. — Ta parole?

MÉPHISTOPHÉLÈS. — Je te le promets.

FAUST. — Vieux drôle!

DANS LES ESPACES

FAUST, se tenant cramponné au manteau de Méphistophélès.

    L'azur
    Peu sûr
    Présage
    L'orage.
    Les vents
    Mouvants
    Font rage.
    L'autan
    Sauvage
    D'antan
    Enlève
    La grève...

Ici Faust est tellement troublé par le désordre des éléments, qu'il en perd la rime.

Et nous
L'envoie
En plein
Visage!

Après quelques heures de ce système de locomotion, les deux voyageurs se décident à prendre l'express pour Paris.

EN FIACRE

En fiacre, Méphistophélès et Faust habillés en gandins de carton.

FAUST. — Où me conduis-tu ?

MÉPHISTOPHÉLÈS. — Au Jardin Mabille.

FAUST. — Très-bien. J'en ai lu des descriptions assez attrayantes.

MÉPHISTOPHÉLÈS. — Elles n'approchent pas de la réalité.

FAUST. — Prends garde d'avoir l'air d'un compère de revue.

LE COCHER, *fouettant sa bête.* — Hue ! Bismarck !

FAUST. — Qu'est-ce qu'il dit donc, ce cocher ?

—

A MABILLE

Foule élégante; des arbres en zinc laissent échapper des jets de gaz de leurs pistils.— L'orchestre joue la *Valse des Roses*.

L'ORCHESTRE

Tâ — la la ï — la la ï — la la Pouh —
Tâ — la la Pouh — la la ï — la, la laire —
Tâ — la la la — la la ï — la la bi, bi —
Bû — bou lou lou — ron, — bou lou lou — rou, —
Ba ra ram

FAUST, tombant en arrêt devant une cocotte. — Splendide !

LA COCOTTE. — Mon coiffeur me l'a dit quelquefois.

FAUST. — Oserais-je hasarder de vous offrir...

LA COCOTTE. — Offrez, mon cher, offrez.

FAUST. — Mon bras et un bock ?

LA COCOTTE. — J'accepte le bock... avec des écrevisses autour.

FAUST. — Vous me comblez ! — Que d'esprit ont ces Françaises !

LA COCOTTE. — Eh bien ! franchement, là, vous n'êtes pas difficile... On voit bien que vous êtes étranger.

FAUST. — O perspicacité féminine !

LA COCOTTE. — Anglais?

FAUST. — Non... je le regrette.

LA COCOTTE. — Italien?

FAUST. — Non... je le regrette.

LA COCOTTE. — Espagnol?

FAUST. — Pas davantage. Je le... c'est-à-dire non, je ne le regrette pas.

LA COCOTTE. — Alors, qu'est-ce que vous êtes donc? On a parlé ces jours-ci d'une ambassade samoïède.

FAUST. — Je suis Allemand, madame, Allemand.

LA COCOTTE, vivement. — Plus bas, mon gros !

Ils passent.

L'ORCHESTRE continuant de jouer la *Valse des Roses*.

Cui cui — pa ta ta ta ta, ta — cui cui —
Pa ta ta ta ta, ta — cui cui — pa ta ta ta, ti —
Pa ta ta ta, tou — pa ta ta ta ta — cui cui —
Pa ta ta ta ta ta, ta — cui cui — pa ta —
Ta ta ta, ta — cui cui — pa ta ta ta ti —
Pa ta ta ta tou — pa ta ta ta — Bam —

MÉPHISTOPHÉLÈS, ceignant la taille d'une petite fille qui a des manchettes en papier. — Où vous ai-je déjà vue, mon petit cœur ?

LA PETITE FILLE. — J'ai figuré à la Tour d'Auvergne.

MÉPHISTOPHÉLÈS. — Excusez-moi, je n'y ai jamais fourré les pieds.

LA PETITE FILLE. — Alors, c'est sans doute

au Café de la Source, sur le boulevard Saint-Michel.

MÉPHISTOPHÉLÈS. — Ce doit être là, en effet. (A part.) Que je m'emporte moi-même si je sais ce que c'est que la Source!

LA PETITE FILLE. — J'y suis connue sous le nom de Nina Pèse-Liqueurs.

MÉPHISTOPHÉLÈS. — Nina Pèse-Liqueurs! Un joli nom, d'une... suavité !

LA PETITE FILLE. — Connaissez-vous aussi Loque-à-revendre ?

MÉPHISTOPHÉLÈS. — Je n'ai pas cet honneur... On ne nous a pas présentés.

LA PETITE FILLE. — Ou autrement Gustave... C'était mon dernier amant. Il a été un peu compromis dans les derniers événements.

MÉPHISTOPHÉLÈS. — Que voulez-vous? on n'est pas parfait... Mais alors, s'il est momentanément impossible à ce pauvre Gustave de vous rendre ses devoirs, puis-je espérer...

LA PETITE FILLE. — Parfaitement. Vous verrez comme c'est gentil chez moi !

MÉPHISTOPHÉLÈS. — Je n'en doute pas, cher trésor.

LA PETITE FILLE. — Vous trouverez seulement que c'est un peu haut... un sixième... rue Cujas.

MÉPHISTOPHÉLÈS. — Oh ! j'ai des jambes de coq !

LA PETITE FILLE. — C'est drôle ! vous êtes vieux, et pourtant je vous gobe.

MÉPHISTOPHÉLÈS. — Tu dis ?...

Ils passent.

L'ORCHESTRE.

Trou lou lou lou lou rou — loullourou rou.
Trou lou lou lou lou rou — trourouroullou
Trou lou lou lou lou rou — loullourou ron
Trou lou lou lou lou rou — trouroullon

LA COCOTTE, au bras de Faust. — On m'appelle la comtesse Galion de Vigo. Feu le comte, que je ne pouvais souffrir à cause de ses habitudes bachiques, m'a laissé une fortune médiocre, mais de superbes relations. Vous verrez chez moi ce qu'il y a de mieux dans Paris, un dessus de panier. On y cartonne légèrement, mais pas trop. Le baccarat des familles. Vous trouverez seulement que c'est un peu bas... un entresol, rue Claperon... à deux pas du chemin de fer de l'Ouest. Je compte donner congé au printemps.

FAUST. — Oh! parle encore! O mille et trois mille fois heureux celui qui peut entendre ces paroles plus douces que miel découler de tes lèvres de rose! — Rue Claperon, n'est-ce pas?...

LA COCOTTE. — Numéro 21.

FAUST. — Chère figure du ciel! — Je serai

chez toi demain soir entre neuf et dix heures.

LA COCOTTE. — Munis-toi de quelque argent, mon beau Germain.

FAUST. — De l'argent, en vérité ?

LA COCOTTE. — Je te dirai pourquoi. En attendant, prêtons l'oreille à cette valse langoureuse.

Ils passent.

L'ORCHESTRE.

Ru lu lu — ti ti ti ti ti — ra la la la — totototoo
Pi ri ri — ti ti ti ti ti — Ro lo lo — ta ta ta ta ta
Ru lu lu — ti ti ti ti ti — Ra la la — totototoo
Pi ri ri — ti ti ti ti ti — Pa ra ra la ri la
        Ri la ra

NINA, à Méphistophélès. — Vous avez une bien belle chaîne de montre. Vous êtes donc riche ?

MÉPHISTOPHÉLÈS. — Je possède une malhonnête aisance.

NINA. — C'est tout ce qu'il me faut. Et... quel est votre métier ?

MÉPHISTOPHÉLÈS. — Mon métier ? Je te le dirai plus tard, petite masque.

NINA. — Voilà le bal qui va finir. J'ai envie de manger un morceau, moi.

MÉPHISTOPHÉLÈS. — Comme tu es dans le vrai !

NINA. — Si nous allions chez Brébant ?

MÉPHISTOPHÉLÈS. — Je le veux bien... mais j'ai un ami que je ne peux me dispenser d'emmener avec nous.

NINA. — Ce petit blond qui se promène avec ce grand carcan.

MÉPHISTOPHÉLÈS. — Précisément.

NINA. — Oh ! la ! la ! C'est-i elle qui traînera la voiture ?

MÉPHISTOPHÉLÈS. — Tu as un tour d'esprit admirable, et je m'attends à chaque instant à voir une souris rouge s'échapper de ta bouche.

NINA. — Allons rejoindre ton ami. Dis donc, faudra-t-il être comme il faut ?

MÉPHISTOPHÉLÈS. — Cela n'est pas de rigueur.

NINA. — Moi, je t'aime... tu es à la coule.

INTERMÈDE

BRÉBANTGISNACTSTRAUM

SONGE D'UNE NUIT CHEZ BRÉBANT

ou

NOCES D'OR DE MAL-AUX-CHEVEUX ET DE NIP-DE-BRAISE

MARMITONS.

Esprits de l'âtre qui crépite,
Follets et sylphes des fourneaux,
Veillons sur la grande marmite,
Ayons l'œil sur les fricandeaux.

LE DERNIER FAUST

LE CHEF.

Qu'on n'échauffe pas mes oreilles ;
Sinon, mes bons petits amis,
Je vais cracher dans les oseilles
Et me moucher dans les salmis.

UN CHASSEUR, revenant du boulevard.

Plus poudreuses que des rizières,
J'ai vu, malgré le vent brutal,
Un tas de jeunes sorcières
Assises sur leur capital.

LE DIRECTEUR DE L'ÉTABLISSEMENT.

Qu'elles viennent toutes ensemble
Souper dans mes salons dorés,
Dont le parquet gnidéen semble
Fait de trottoirs agglomérés.

DUMAS FILS, guidant des oiseaux.

Peuple des balcons et des rues,
Lève la tête : — en ce moment,
A ma voix, tout un vol de grues
Passe triangulairement.

FLOR O'SQUAR.

Quoique natif de la Belgique,
Je viens faire ici le faraud,
Et renonce à la léthargique
Boisson qu'on nomme le faro.

— UN HOMUNCULUS, soutenu en l'air
par deux pans d'habits pareils à des élytres de hanneton.

Voyant nos finances peu nettes,
J'ai fui la prison de cristal,
Et je me suis fait des lunettes
De deux fragments de mon bocal.

UN UHLAN BLEU, dépenaillé.

Nous ne sommes pas à notre aise :
J'ai brûlé Bazeille, Saint-Cloud,
Et je me trouve sans un clou...
Tant de feux et si peu de braise!

UNE HÉTAÏRE.

C'est du myrte que, peu farouche,
Aspasie, en son tendre avril,
Arborait au coin de sa bouche.
Moi, c'est un bouquet de persil.

DEUX VIEILLES BICHES.

Ce sont là plaisirs d'un autre âge ;
Viens, ma sœur, et nous éloignons
De ces soupers où le fromage
Pleure sur des débris d'oignons.

LE DERNIER FAUST

CHEZ LA COMTESSE DE VIGO

Salon éclairé pour une réception. — La comtesse est seule ; elle chante, en s'accompagnant au piano.

LA COMTESSE.

Il était un monsieur Beulé,
Normalien tendre et fidèle,
Qui fit broder par une Adèle,
Un bonnet grec, riche et doublé.

Le premier jour qu'il le coiffa,
Ce bonnet doux comme mitaine,
Il fit venir son ami Taine,
Et puis...

UN DOMESTIQUE, annonçant. — Monsieur le docteur Faust... Monsieur le conseiller Méphistophélès.

LA COMTESSE, se levant. — Chers messieurs... que c'est aimable à vous d'être venus assister à ma petite réunion !

FAUST. — Pour un empire je n'aurais voulu y manquer, belle dame.

MÉPHISTOPHÉLÈS. — Les occasions de rigoler sont si rares...

FAUST, bas à Méphistophélès. — Qu'est-ce que tu dis donc ?

MÉPHISTOPHÉLÈS. — Ah ! c'est vrai... La fréquentation de Nina Pèse-Liqueurs.

LA COMTESSE, bas à Faust. — O merci, mon Henri ! Si tu savais combien ta présence rafraîchit mon âme !

LE DOMESTIQUE, annonçant. — Monsieur le chevalier Frangipani... Madame la baronne Varech de Saint-Ajonc... Bou-fa-cha-pacha.

LA COMTESSE. — Voilà mes invités qui arrivent. Permettez-moi, messieurs, de remplir mes devoirs de maîtresse de maison.

FAUST. — Comment donc !... (A Méphistophélès.) Hein ! quelle femme distinguée !

MÉPHISTOPHÉLÈS. — Pas mal. Est-ce une bonne affaire ?

LE DOMESTIQUE. — Monsieur Van Truck... Monsieur Van Nesch... Monsieur Van Schandel... Monsieur Van-den-plott-labonn.

MÉPHISTOPHÉLÈS, à part. — Des Hollandais d'importance.

LE DOMESTIQUE. —Monsieur Mac-Douglas... Monsieur Mac-Farlane... Sir O'Klair... Sir O'Froad.

MÉPHISTOPHÉLÈS, à part. — L'Écosse et l'Irlande.

LE DOMESTIQUE. — Don Alvar y Trucar y Rublar y Curchez Ricor.

FAUST, à Méphistophélès. — Entends-tu ! entends-tu ? quelle société, mon cher ! Tout le Livre d'or de l'Europe.

MÉPHISTOPHÉLÈS.—Je vais me mêler à quelques groupes.

Il s'éloigne.

LA COMTESSE, à Faust. — Mon cher docteur,

laissez-moi vous présenter M. le baron de Honfleur, une de nos fortes têtes administratives.

FAUST, s'inclinant. — Madame, c'est trop d'honneur pour moi.

LA COMTESSE. — Le baron désire vous entretenir d'une entreprise considérable, à ce qu'il paraît.. Pour moi, qui n'entends rien aux affaires, je vous laisse aux prises tous les deux.

Elle s'éloigne.

LE BARON DE HONFLEUR, à Faust. — Êtes-vous financier, monsieur ?

FAUST. — Je ne le crois pas, monsieur.

LE BARON. — Alors, vous allez me comprendre tout de suite... Aidé du concours d'un grand nombre de sommités, je viens de fonder une vaste société anonyme dont le but est le rebouchage de l'isthme de Suez.

FAUST. — Vous dites, monsieur ?

LE BARON. — Je dis : le rebouchage de l'isthme de Suez... Est-ce que vous vous trouvez mal, monsieur ?

FAUST, abasourdi. — Non, monsieur... Continuez donc, je vous prie.

Même décor.

MÉPHISTOPHÉLÈS, continuant une conversation avec un homme d'Etat. — Saucisse aux pois... Que voulez-vous dire ?

L'HOMME D'ÉTAT. — Oui, saucisse aux pois... c'est le grand symbole actuel.

MÉPHISTOPHÉLÈS. — Expliquez-vous, monsieur.

L'HOMME D'ÉTAT. — Rien de plus simple. Lorsque j'entends les Allemands vanter leur unité féconde, il me semble ouïr, dans la grande marmite de leurs casernes, les porcs et les pois qui se félicitent d'être mis en saucisses aux pois.

MÉPHISTOPHÉLÈS. — Bizarre comparaison!

L'HOMME D'ÉTAT. — En quoi la trouvez-vous bizarre? (s'attendrissant.) Ah! qu'ils étaient bien plus heureux autrefois, les petits porcs allemands, avec leurs yeux doux et leur queue vrillée... bondés de graisse, bourrés de science... buvant bien, dissertant, ronflant et se vautrant avec une lourdeur pleine d'espièglerie dans toutes sortes de voluptés germaniques!

MÉPHISTOPHÉLÈS. — Vous parlez comme un tableau.

L'HOMME D'ÉTAT. — Et les pois, monsieur! Avez-vous jamais vu des pois en fleur? Comme ils grimpent gaiement! quel tendre parfum ils répandent autour d'eux!

MÉPHISTOPHÉLÈS. — Oui, c'est en traversant des champs de pois que nos étudiants composent leurs ballades.

L'HOMME D'ÉTAT. — Monsieur, suivez-moi bien.

MÉPHISTOPHÉLÈS. — Je ne fais que cela.

L'HOMME D'ÉTAT. — Or, les petits porcs ont grandi, les petits pois ont poussé. Alors un fort cuisinier est survenu, qui a fait des uns et des autres un hachis formidable. Voilà ce que c'est que l'unité allemande. Pauvre, pauvre Allemagne ! A présent qu'elle est transformée en saucisse serrée et ficelée, elle se console en songeant que le grand cuisinier fera de même aux autres peuples... et elle aspire après le jour heureux où la société tout entière ne sera plus qu'une immense saucisse aux pois, crevant à l'équateur et attachée par une ficelle aux deux pôles.

MÉPHISTOPHÉLÈS. — Vous êtes homme d'État, monsieur?

L'HOMME D'ÉTAT. — De plusieurs États.

Même décor.

LA COMTESSE, à Faust. — Mon cher docteur, permettez-moi de vous présenter M. Blancbonnet, un de nos plus savants chimistes, un des princes de la science... M. Blancbonnet m'a manifesté le désir de causer avec vous d'une importante découverte qu'il vient de faire.

FAUST, saluant. — Vous me voyez confus...

LA COMTESSE. — Je vous quitte pour retourner à mes tables de jeu... Escrimez-vous à votre aise, messieurs.

Elle s'éloigne.

M. BLANCBONNET, à Faust. — Êtes-vous chimiste, monsieur?

FAUST, modestement. — J'ai donné un peu dans les cornues, autrefois.

BLANCBONNET. — Oh! alors, vous allez saisir tout de suite mon idée... Fort du concours d'un grand nombre de sommités, je viens de fonder une vaste société anonyme...

FAUST, étonné, à part. — Lui aussi!

BLANCBONNET. — ... Pour l'extraction du mercure contenu dans les corps ensevelis dans les principaux cimetières.

FAUST, reculant. — Pouah!

BLANCBONNET. — Qu'est-ce que vous avez?

FAUST. — Rien... rien... Seulement, au premier aspect... Continuez donc, je vous prie.

Même décor.

MÉPHISTOPHÉLÈS, à Faust. — Ah! Faust, je te cherchais !

FAUST. — Et moi, j'allais au-devant de toi, Méphistophélès !

MÉPHISTOPHÉLÈS. — Prête-moi mille louis.

FAUST. — Je venais te les demander.

MÉPHISTOPHÉLÈS. — Qu'as-tu fait de ton argent ?

FAUST. — Oh! un excellent placement, mon cher... ou plutôt deux excellents placements... grâce au baron de Honfleur et à M. Blancbonnet de l'Institut... Nous rebouchons l'isthme de Suez... c'est indispensable... et nous transformons les cimetières en une immense raffinerie... Une affaire magnifique! Je t'expliquerai cela. Mais toi, Méphistophélès, où a passé ton argent ?

MÉPHISTOPHÉLÈS. — Je l'ai perdu au baccarat.

FAUST. — Toi! toi!

MÉPHISTOPHÉLÈS. — Ne me parle pas... il faut que l'enfer ait ici des représentants. Je suis victime de la concurrence. Mais cela ne peut pas se passer ainsi.

FAUST. — Que vas-tu faire?

MÉPHISTOPHÉLÈS. — Un ancien tour de ma façon. Tu vas voir! (Il se dirige vers les salons de jeu. Tout à coup on entend crier : Au fou! Tumulte inexprimable. Méphistophélès reparaît, à Faust.) J'ai ramassé les enjeux... sauvons-nous, Faust!

FAUST. — Sauve-toi seul... moi, je reste.

MÉPHISTOPHÉLÈS. — Tu restes... et pourquoi?

FAUST, levant les yeux au ciel. — Je l'aime!!!

UNE PETITE CHAMBRE D'HOTEL GARNI RUE CUJAS

Méphistophélès, en veston du matin, apprête le café au lait de Nina Pèse-Liqueurs, qui est encore au lit.

La flamme s'accroît, le lait bout,
L'insidieux mélange va s'opérer...
Pourvu qu'il nous reste un peu de sucre
De notre provision de dimanche dernier !

NINA. — Qu'est-ce que tu marmottes-là, mon vieux chien ?

MÉPHISTOPHÉLÈS. — Rien... une ancienne habitude.

NINA. — Passe-moi le tabac qui est sur la table... avec les allumettes.

MÉPHISTOPHÉLÈS. — Voilà, ma Niniche.

NINA. — As-tu donné à manger aux petits oiseaux, ce matin ?

MÉPHISTOPHÉLÈS. — Ah ! sapristi ! j'ai complétement oublié.

NINA. — Méchant! Qu'est-ce que tu dirais, si le bon Dieu t'oubliait aussi?

Méphistophélès tousse.

MÉPHISTOPHÉLÈS. — La faute est facile à réparer.

Il ouvre la fenêtre et émiette du pain sur le rebord en fredonnant.

    Petits becquants, venez sur ma venterne
    Briffer de ce lartif que vous offre ma poigne...

Suis-je assez pastoral! je me le demande.

Un coup de sonnette.

NINA. — Tiens! on a sonné.

MÉPHISTOPHÉLÈS. — Quelqu'un de tes créanciers, sans doute. Cela ne nous change pas... je commence à m'y faire.

NINA. — Ouvre toujours.

MÉPHISTOPHÉLÈS. — Toujours... c'est le mot.

Il va ouvrir.

FAUST, entrant, pâle et défait. — Ouf! j'ai eu assez de peine à te dénicher, Méphistophélès.

MÉPHISTOPHÉLÈS. — Faust! toi, ma bonne vieille! Comment va?... Tu vas prendre quelque chose avec nous, n'est-ce pas?

FAUST. — Il s'agit bien de cela, ma foi!

MÉPHISTOPHÉLÈS. — Veux-tu déjeuner? Le charcutier d'en face est de première force sur les côtelettes aux cornichons.

FAUST. — Tu m'assommes, maudit!

MÉPHISTOPHÉLÈS. — Mais, au fait, je ne t'avais pas encore regardé... Ta figure est toute bouleversée. — Vois donc, Nina, comme Faust a une drôle de trompette!

NINA. — Oui, monsieur est bien laid.

MÉPHISTOPHÉLÈS. — Ah ça! qu'est-ce qui t'est donc arrivé, ma pauvre branche! Contenous ça.

FAUST. — Il m'est arrivé que la comtesse Galion de Vigo m'a fait faire des sottises

MÉPHISTOPHÉLÈS. — Aïe! aïe!

FAUST. — Elle et le baron de Honfleur... et d'autres escogriffes encore... Bref, je suis poursuivi pour avoir eu la faiblesse de souscrire certaines lettres de change.

MÉPHISTOPHÉLÈS. — Des lettres de change?... Hum! ne seraient-ce pas plutôt des faux?... Voyons, verse-toi dans le sein de ton vieux Méphisto.

FAUST. — Les subtilités de la langue française me sont inconnues.

MÉPHISTOPHÉLÈS. — Aimable pratique!

FAUST. — Enfin, il ne me reste que le temps de fuir, à ce que m'a conseillé un jurisconsulte sans ouvrage.

MÉPHISTOPHÉLÈS. — Fuir... devant le danger?

FAUST. — Devant la police.

MÉPHISTOPHÉLÈS. — Je ne reconnais plus là mon élève. Dis tout de suite que tu as le trac.

FAUST. — Je ne sais pas ce que c'est, mais je dois l'avoir. Quoi qu'il en soit, je quitte Paris.

MÉPHISTOPHÉLÈS. — Quand?

FAUST. — A l'instant même, tarteifle! Pars avec moi, Méphistophélès, pars tout de suite!

MÉPHISTOPHÉLÈS. — Moi?

FAUST. — Sans doute.

MÉPHISTOPHÉLÈS. — Mais je n'ai pas fait de faux, moi! Mais je me trouve fort bien à Paris, moi!

NINA, à Faust. — Dites donc, vous, vous allez laisser mon homme tranquille, n'est-ce pas?

FAUST. — Ton sort est lié au mien.

MÉPHISTOPHÉLÈS. — Qui est-ce qui a dit cela ?

FAUST. — Le pacte, tu le sais bien, puisque c'est toi qui me l'as fait signer.

MÉPHISTOPHÉLÈS. — Je me fiche du pacte... Je ne bouge pas d'ici ; je reste avec ma petite femme.

NINA. — Tu as raison, mon chien ! (Minaudant.) Qui est-ce qui n'aime bien sa petite Nina ?

MÉPHISTOPHÉLÈS. — C'est son grand Méphisto, na !

FAUST, stupéfait. — Crétin !

MÉPHISTOPHÉLÈS. — Je me moque de tes invectives.

FAUST. — Allons, trêve de sottises, et reprends ton manteau, esprit des noires phalanges !

MÉPHISTOPHÉLÈS. — Non, te dis-je.

FAUST. — Non?

MÉPHISTOPHÉLÈS. — J'ai trouvé ici le bonheur... ici et à Bullier. Je me suis arrangé une existence aux oignons ; j'ai mon restaurant, mon café-concert, mes amis avec lesquels je joue au rems et au bezigue. Je serais bien sot d'abandonner tout cela.

FAUST. — Est-ce toi que j'entends, Méphistophélès, et serait-il possible que tu fusses abruti à ce point?

NINA, à Méphistophélès. — Ne te laisse donc pas bêcher comme cela, mon vieux chien.

FAUST. — Secoue cette torpeur immonde... Ne sens-tu pas battre ton cœur à l'idée de revoir la grande patrie allemande?

MÉPHISTOPHÉLÈS. — Zut!

FAUST. — Oh! tu m'impatientes à la fin! Bon gré, mal gré, tu me suivras, je le veux!
(Il cherche à l'entraîner.)

NINA. — Attends, je vais appeler le fruitier par la fenêtre !

FAUST. — Obéis, fils de l'enfer !

MÉPHISTOPHÉLÈS, se débattant. — Lâche-moi... et je te rends ton pacte.

FAUST. — Vrai ?

MÉPHISTOPHÉLÈS. — J'aime mieux cela ! (Il allume un parchemin.) Tiens !

FAUST, confondu. — Oh !

MÉPHISTOPHÉLÈS. — Es-tu content, crampon ?

FAUST, avec un soupir. — Les diables s'en vont ! (Il regarde Méphistophélès et hausse les épaules.) Adieu, gâteux ! (Il sort.)

NINA. — Bon voyage !

ÉPILOGUE

Encore dans le ciel. — Toujours des nuages. Sur ces nuages sont assis plusieurs bienheureux ayant eu quelque renom sur la terre.

HÉLÈNE, au Pater Extaticus. — Qui s'en serait douté? Aurait-on jamais cru que Faust aurait réussi à tirer son âme des griffes de Méphistophélès?

PATER EXTATICUS. — Tout est dans tout. Les brouillards de la nuit, chassés par l'aurore, font place aux vapeurs lumineuses et transparentes.

MANON LESCAUT. — Faust délivré! Allons vite annoncer cette bonne nouvelle à Marguerite. Sera-t-elle heureuse, cette pauvre petite!

EUPHORION. — En attendant, voilà ce mauvais sujet de Méphistophélès qui se met en ménage.

GRASSOT. — Elle n'est pas mal cette Nina ; elle a un nez qui aspire vers nous.

MARGUERITE, dans les nuages. — Henri ! Henri ! Où es-tu ?

LA VOIX DE FAUST, très-éloignée. — J'arrive ! j'arrive !

WOLFGANG GŒTHE, soucieux. — Je la trouve mauvaise !

Bruit de harpes et chœurs des esprits célestes.

XXV

LA VIE ARRANGÉE

Qui ne s'est surpris quelquefois à s'écrier avec un ton d'amertume :

— *Ah! si j'avais pu arranger ma vie!*

Un de mes amis, qui a l'habitude de mes découragements passagers, las de m'entendre répéter cette phrase, s'est planté l'autre jour devant moi et m'a dit :

— Eh bien! voyons, comment l'aurais-tu arrangée, ta vie ? Explique-toi, à la fin.

— Je ne demande pas mieux.

— Tout individu a son idéal ; quel est le tien ?

Je restai un instant sans réponse et comme embarrassé.

Mon ami reprit :

— Commençons par le commencement. Aurais-tu voulu naître fils de prince ?

— Jamais ! dis-je avec énergie ; fils de prince ! allons donc ! Je tiens trop à mourir dans ma patrie !

— Calme-toi ; je n'ai pas voulu t'être désagréable... Où aurais-tu voulu naître ?

— Où je suis né, parbleu ! En France. Trouve-moi un plus beau pays !

— Ainsi, dans ton idéal, tu ne déranges rien à ton origine, non plus qu'à ta famille ?

— Rien du tout. Je rends grâce au ciel

d'avoir entouré mon berceau d'honnêtes figures et de cœurs affectueux.

— Alors, c'est ta jeunesse que tu voudrais refaire.

— Ma jeunesse?

Et je devins songeur.

— Non, répondis-je ; ma jeunesse me représente les jours les plus heureux de mon existence ; elle a été remplie ; elle a été ouverte à toutes les libres aspirations, à tous les beaux enthousiasmes. Je réserve ma jeunesse, je la réserve tout entière, avec ses étourderies, ses crédulités, ses naïvetés, ses fièvres, ses illusions. Je ne voudrais rien en retrancher, pas même ces larmes qu'on répand à vingt ans avec tant de sincérité, et qui ont fait dire à Alfred de Musset :

> Le seul bien qui me reste au monde
> Est d'avoir quelquefois pleuré.

— Soit, reprit mon ami d'un ton légèrement railleur ; réserve ta jeunesse comme tu as réservé ton enfance. Je vois où le bât te blesse...

— L'image est désobligeante.

— C'est ton âge mûr, ton âge actuel, que tu aurais voulu pouvoir arranger à ta guise.

— Précisément !

— Qu'est-ce qui manque donc à ton âge mûr ?

— Ah ! mon cher, une foule de choses ! m'écriai-je.

— Mais encore ?

— Peux-tu le demander ?

— Ce n'est pas de la santé, je pense ; tu en as à revendre.

— C'est vrai.

— Des honneurs peut-être... des dignités ?

— Je n'y tiens pas, non, parole d'honneur ! J'ai été souvent récompensé par la critique au delà de mes mérites littéraires.

— Des distractions alors ?

— Peuh !

— Des plaisirs ? Il me semble que sous ce rapport tu n'as pas à te plaindre.

— Aussi je ne me plains pas.

— Qui dira le nombre des festins auxquels tu as assisté, que tu as présidés même ?

— Passons, passons, murmurai-je modestement.

— Non, ne passons pas... Tu as vécu, mon gaillard, plus que cinq cents bourgeois pris au hasard... Tu as des relations à tous les étages de la société.

— Au cinquième étage surtout.

— Tu as connu des ministres...

— Avant qu'ils fussent ministres.

— Et des ambassadeurs...

— Lorsqu'ils n'étaient plus ambassadeurs.

— C'est égal, il en reste toujours quelque chose.

— Comme de la calomnie, j'en conviens.

Mon ami se frappa le front d'un air inspiré.

— Je te devine ! dit-il.

— Bah !

— Libre de refaire ta vie, tu souhaiterais de redevenir garçon.

— Le ciel m'en garde ! Un vieux célibataire, connais-tu quelque chose de plus grognon, de plus maniaque ?

— Tu limiterais au moins, je pense, le nombre de tes enfants.

— Pourquoi cela ? Dieu bénit les grandes familles ! prononçai-je avec l'accent attendri et sonore de Dumaine.

— Fort bien... Donc, de ce côté-là encore,

tu ne modifierais rien à ta nouvelle existence.

— De ce côté-là surtout.

— Que demanderais-tu donc à la Providence ? fit-il légèrement impatienté.

— Tu le sais bien.

— Dis toujours.

— De l'argent.

— Nous y voilà !... Ame vénale !

— Que veux-tu ? balbutiai-je du ton d'un homme accablé.

— Beaucoup d'argent ?

— Non ; beaucoup me gênerait ; beaucoup me couperait l'appétit ; beaucoup m'empêcherait de dormir ; beaucoup me rendrait avare et ambitieux... Pas beaucoup, mais un peu... pas mal...

— Je t'entends.

Mon ami réfléchissait.

Peut-être cherchait-il un moyen délicat

de me faire accepter un prêt de quinze mille francs.

Il me dit au bout de quelques secondes :

— Ainsi, *si tu avais pu arranger ta vie,* selon ton expression, tu n'aurais pas désiré des goûts plus opulents ?

— Non.

— Tu te serais contenté de ton intelligence et de ton cœur d'à présent ?

— Ma foi ! oui.

— Eh bien ! mais, ajouta mon ami, de tout cela il faut conclure que s'il t'avait été permis d'arranger t'a vie... tu l'aurais arrangée absolument comme celle que le destin s'est donné la peine de te faire. Cesse donc tes ridicules récriminations... et continue d'exercer ta tranquille profession de littérateur.

XXVI

TUERIES A LA MODE

> ... On disait autrefois : « Où est femme ? » Il faudra dire désormais « Où est l'écrivain ? »   QUELQU'UN.

I

AMOUR ET REVOLVER

Un jeune homme modestement vêtu, tenant à la main un chapeau rond, se présenta un matin chez un banquier et lui dit sans préambule :

— Monsieur, je suis un honnête ouvrier et j'aime votre fille.

Le banquier le regarda avec stupeur; mais il se remit et répondit :

— Monsieur, je vous félicite d'être un honnête ouvrier... mais je vous plains d'aimer ma fille.

— Je me plains tout le premier, répondit le jeune homme; et le ciel m'est témoin que j'ai tout fait pour me débarrasser de cette funeste passion. Je n'ai pas pu y parvenir. J'aime votre fille d'un amour profond, immense, et qui ne finira qu'avec mes jours.

Le banquier eut un éclair d'inquiétude.

— Est-ce que ma fille est instruite de vos sentiments, monsieur? interrogea-t-il.

— Elle ne me connaît même pas, répondit le jeune homme.

Le banquier respira.

— Votre situation me touche, dit-il; mais qu'est-ce que vous voulez que j'y fasse?

— Tout, monsieur, tout !

— Comment cela ?

— J'ai l'honneur de vous demander la main de votre fille.

Le banquier ne trouva pas une parole sur le moment, ce qui permit au jeune homme d'ajouter :

— J'ai la conviction de la rendre heureuse. Je suis un honnête ouvrier.

Le banquier s'était levé.

— Ma fille n'est pas à marier, dit-il simplement.

Le jeune homme sortit.

A six mois de là, le même jeune homme rencontrait le même banquier, aux environs de l'Opéra. Il l'accostait, la voix frémissante.

— Monsieur, lui dit-il, j'ai appris que vous êtes sur le point de disposer de la main de votre fille.

— En effet.

— Vous allez la marier ?

— Dans huit jours.

— A un homme d'argent !

— Naturellement.

— Horreur !

— Qu'est-ce que vous trouvez d'horrible à cela ? demanda le banquier.

— Vous sacrifiez votre fille ?

— Pas du tout.

— Vous en faites l'objet d'un marché infâme !

— Vous êtes fou, mon cher, dit le banquier en haussant les épaules.

— Vous vendez votre enfant !!!

— Apprenez que ma fille se marie selon son gré et épouse l'homme de son choix.

— Immonde ! immonde ! fit le jeune homme avec un geste de dégoût.

Puis, se croisant les bras devant le banquier :

— Et moi, dit-il, que vais-je devenir ?

— Vous ?... Ma foi, je n'en sais rien ; je n'y ai pas pensé.

— Quel parti me reste-t-il à prendre ?

— C'est votre affaire.

Les yeux du jeune homme brillaient étrangement.

— Savez-vous bien que j'ai lu Alexandre Dumas fils ? dit-il tout à coup.

— Qu'est-ce que cela me fait ? répondit le banquier.

— Que croyez-vous que Dumas fils penserait de votre conduite ?

— Oh ! vous m'ennuyez à la fin !

— Que croyez-vous que Dumas fils m'ordonnerait de faire dans cette circonstance ?

— Il vous conseillerait de vous retirer

tranquillement chez vous, comme je vous y engage.

— Ce n'est pas cela, dit le jeune homme en hochant la tête.

— Comment, ce n'est pas cela?

— Non, Dumas fils serait plus carré certainement. Il sait que la société est mal faite. Il est du côté de ceux qui souffrent contre ceux qui oppriment. Il ne voudrait pas qu'une chose aussi monstrueuse s'accomplît sans protestation.

— Et comment s'y prendrait votre M. Dumas fils, s'il vous plaît?

— Vous allez voir. Je suis un honnête ouvrier.

— C'est convenu.

— Voulez-vous me donner votre fille?

— Non.

— C'est votre dernier mot?

— Oui.

— Une fois? deux fois? trois fois? Réfléchissez encore.

— Allez au diable ! s'écria le banquier.

— Allez-y vous-même, dit le jeune homme en déchargeant sur lui un revolver.

Le banquier tomba.

II

SÉDUCTION ET VITRIOL

L'opticien Pirithoüs avait l'habitude de se tenir sur le seuil de son magasin ; mais il y trouva bientôt quelques inconvénients, entre autres celui de se voir journellement injurié par une demoiselle qu'il avait eue autrefois pour maîtresse.

—Canaille ! lui criait-elle du plus loin qu'elle l'apercevait.

Et l'opticien Pirithoüs rentrait sournoisement dans son magasin.

— Rends-moi l'honneur ! disait-elle à travers les carreaux.

— Difficile, murmurait l'opticien entre ses dents.

— Vous voyez bien cet homme, continuait-elle en cherchant à ameuter les passants, — cet homme qui n'a l'air de rien et qui fait semblant de vendre des pince-nez. Eh bien ! il a abusé de ma jeunesse, de ma vertu, de ma beauté, de mon inexpérience, de ma pauvreté.... oui, messieurs !

— Va toujours ! grommelait l'opticien Pirithoüs.

— Et il refuse de m'épouser !

— Parbleu ! soupirait-il.

Les passants s'indignaient quelquefois, mais c'était le petit nombre.

Les opticiens sont semblables aux autres hommes. Ils ont un cœur et des sens. Pourtant leur profession devrait les rendre plus clairvoyants.

Un soir que l'opticien Pirithoüs n'était pas rentré assez vite dans son magasin, il se sentit saisir par un pan de sa redingote. C'était son ancienne maîtresse qui éprouvait le besoin de rééditer ses lamentations.

— Enfer et baromètre ! exclama-t-il.

— Persistes-tu dans ta résolution de ne pas m'épouser ?

— Je persiste... dans ton propre intérêt. Après avoir été un amant déplorable, je serais un mari impossible.

— Prends garde ! lui dit-elle.

— A quoi ?

— Tu te mets dans un cas prévu par George Sand.

— Qu'est-ce que George Sand a à voir là dedans? demanda l'opticien intrigué.

— Ignores-tu que c'est George Sand qui a écrit cette belle pensée : « La femme a toujours le droit de quitter l'homme, mais l'homme n'a jamais le droit de quitter la femme. »

— Turlututu !

— Voilà un *turlututu* qui te coûtera cher ! s'écria la maîtresse exaspérée.

— Moins cher qu'une bonne lorgnette, dit l'opticien en ricanant.

— C'est toi qui me pousses à bout, Pirithoüs... tu l'auras voulu... George Sand m'absoudra !

Ces derniers mots furent prononcés avec

égarement, pendant qu'elle disparaissait dans l'ombre.

Et le lendemain soir, à la même heure, comme l'opticien Pirithoüs fermait ses volets, une main vengeresse lui lançait au visage un liquide jaunâtre et corrosif...

L'opticien Pirithoüs étendit les bras et s'affaissa, en poussant un cri, sur une lanterne magique.

III

DÉSENCHANTEMENT ET CORDE

Voici en quels termes s'exprimait l'autre soir un lycéen, seul :

— J'ai quinze ans, et je suis las de la vie.

Je me pendrai la nuit prochaine aux barreaux du dortoir.

Cela étonnera tous mes camarades ; cela en affligera-t-il quelques-uns ?

La vie est une mystification qui ne vaut pas la cendre de la cigarette que je viens de fumer en cachette. J'ai jeté un coup d'œil sur la société, et j'ai été vitement écœuré.

Tout n'y est que déboires et déceptions.

Hier, par exemple, le maître d'études m'a confisqué un volume des *Grandes Dames* d'Arsène Houssaye. Ce n'est pas la première fois que cet odieux personnage se trouve en travers de mon chemin.

Je ne veux pas verser le sang de cette brute. Je le pourrais et je le devrais, peut-être. J'y serais presque autorisé par Théophile Gautier.

Théophile Gautier a, en effet, raconté ceci

dans sa biographie écrite par lui-même : « On me mit au collége Louis-le-Grand, où je fus saisi d'un désespoir sans égal que rien ne put vaincre. La brutalité et la turbulence de mes petits compagnons de bagne me faisaient horreur. Je mourais de froid, d'ennui et d'isolement entre ces grands murs tristes, où, sous prétexte de me briser à la vie de collége, un immonde chien de cour s'était fait mon bourreau. Je conçus pour lui une haine qui n'est pas éteinte encore. S'il m'apparaissait reconnaissable après ce long espace de temps, *je lui sauterais à la gorge et je l'étranglerais.* »

Vous voyez bien !

Un peu plus loin, il ajoute : « De ces années de collége, il ne me reste aucun souvenir agréable, et je ne voudrais pas les revivre. »

Alors, pourquoi les vivrais-je, moi ?

En me tuant, je m'épargne toute une série

de retenues, et je fais une bonne niche à l'aumônier du lycée.

Je lègue mes billes à Léon, qui est une intelligence supérieure et qui me comprendra.

Adieu, papa! adieu, mes sœurs! Je vous reverrai au ciel, si le ciel n'est pas une blague, comme tout le reste...

XXVII

LES AFFAISÉS

A Alphonse Daudet.

La scène se passe dans une commune du département de la Dordogne, à peu de distance d'une station de chemin de fer. Un monsieur sonne à la porte d'une maison blanche, couverte en tuiles, et demande M. Tournière. Une domestique lui répond.

GENEVIÈVE. — Vous trouverez monsieur tout au fond du jardin.

CHARLES. — Merci. (Il s'engage dans une allée parfaitement ratissée; arrivé au fond du jardin, il regarde de tous les côtés et finit par se diriger vers un trou dans lequel s'agite un homme coiffé d'un large chapeau de paille. S'arrêtant sur le bord et se penchant :) Qu'est-ce que tu fais donc là ?

TOURNIÈRE, relevant la tête. — Hein ?... quoi ?... Bah !... Charles !... Est-ce possible ?

CHARLES. — Complétement possible.

TOURNIÈRE. — Ah ! mon Dieu ! mon Dieu ! Par exemple, si je m'attendais... Tu viens de Paris ?

CHARLES. — En ligne directe... Ah çà ! est-ce que tu ne comptes pas sortir de là dedans ? Que diable fais-tu ?

TOURNIÈRE. — Je creuse une citerne... Donne-moi la main... Là ! (Il sort du trou.) Ah ! mon Dieu ! mon Dieu !

CHARLES. — Embrasse-moi donc !... Tu t'étonneras ensuite.

TOURNIÈRE. — De bien bon cœur ! (Ils s'embrassent.) Tu n'as pas changé du tout.

CHARLES. — Je ne t'en dirai pas autant.

Quel embonpoint monacal ! Sapristi ! la province te profite, à toi.

TOURNIÈRE. — Tu trouves ?

CHARLES. — Sais-tu que j'ai eu toutes les peines du monde à découvrir ton adresse ? Tu es encore un joli monsieur ! Voilà trois ans que tu as disparu tout à coup de Paris, sans avertir personne, sans serrer aucune main, en lâchant le journal au moment où il avait le plus besoin de tes articles... Tu crois que cela se fait ?

TOURNIÈRE. — J'avais hérité.

CHARLES. — Je sais bien. Ce n'est pas une raison pour s'enterrer à Champignac... Saint-Blignac...

TOURNIÈRE. — Chambournac.

CHARLES. — Aussi je ne te cache pas que tout notre monde t'a jeté la pierre.

TOURNIÈRE. — Que voulais-tu que je fisse ? Il fallait bien surveiller mes intérêts.

CHARLES. — On prend un intendant.

TOURNIÈRE. — C'est cela, pour être grugé. Non, non, l'œil du maître ! J'ai voulu me rendre compte par moi-même de ma succession. Mon oncle avait tout laissé ici dans un dégât épouvantable. J'ai tout refait. J'ai dépensé gros, il est vrai. La terre coûte beaucoup et rapporte peu.

CHARLES. — J'ai vu cette phrase quelque part.

TOURNIÈRE. — Tu comprends que cela m'a occupé et retenu. Mais je n'ai pas oublié les amis. Je garde toujours le souvenir des temps difficiles que nous avons traversés ensemble, mon bon Charles, lorsque je n'étais qu'un homme de lettres, un journaliste, un lutteur. Ah ! je peux me vanter que je n'étais pas le dernier à la polémique. J'avais une poigne, n'est-ce pas ?

CHARLES. — Une vraie poigne. Mais tu avais mieux que cela encore, Tournière.

TOURNIÈRE. — Toi et tes amis, vous avez été toujours trop indulgents pour moi. Vous m'avez surfait. Pour deux ou trois volumes que j'ai écrits dans la fièvre de la jeunesse, vous avez voulu saluer un réformateur. Vous n'y alliez pas de main morte. Pauvres volumes! que sont-ils devenus? Mais tu me fais babiller et je ne parle que de moi. Tu restes à dîner?

CHARLES. — Certainement.

TOURNIÈRE. — Et tu me donnes quelques jours.

CHARLES. — Non ; je reprends le train de onze heures, ce soir.

TOURNIÈRE. — Pourquoi ?

CHARLES. — Je te le dirai à table... Ainsi l'écrivain est tout à fait mort chez toi?

TOURNIÈRE. — Oh! non, j'écris encore, de loin en loin, à mon aise. (S'arrêtant devant une halo.) Maudits escargots! (Il en écrase un.) Tu ne saurais croire aux ravages qu'ils font.

CHARLES. — On m'avait bien prévenu : te voilà agriculteur de la tête aux pieds. C'est drôle, tout de même. On s'amuse donc bien dans une citerne?

TOURNIÈRE. — Ne te moque pas : tu y viendras peut-être.

CHARLES, brusquement. — Es-tu heureux?

TOURNIÈRE. — Faut-il te répondre sérieusement? Eh bien, je n'en sais rien...

CHARLES. — Ah! tu vois...

TOURNIÈRE. — Mais je crois que oui.

CHARLES. — Pourtant, tu dois t'ennuyer?

TOURNIÈRE. — Parbleu!

CHARLES. — Souvent ?

TOURNIÈRE. — Toujours. Mais on se fait à l'ennui, je t'assure. Ce n'est qu'un pli à prendre.

CHARLES. — Horrible ! horrible.

TOURNIÈRE. — D'un autre côté ma position a ses avantages que tu vas saisir. J'ai mon affaire faite. Par hasard, c'est vrai ; n'importe ! je suis en dehors de la question matérielle. Ma fortune me range parmi les protecteurs de la société. Le bien que je fais à présent se chiffre, est réel. Je peux souscrire à un tas de choses. Le propriétaire achève l'écrivain.

CHARLES. — Tu veux dire qu'il l'enterre... Tu n'as donc plus d'enthousiasme ?

TOURNIÈRE. — L'enthousiasme est un faux guide.

CHARLES. — Plus d'ambition ?

TOURNIÈRE. — A d'autres !

CHARLES. — Plus d'élans au cœur, plus d'indignation dans la tête ?

TOURNIÈRE. — Non, je suis apaisé.

———

Deux heures après. — A table. — Tournière et Charles sont assis en face l'un de l'autre. — Geneviève va et vient, les servant.

TOURNIÈRE. — Je te préviens, mon cher ami, que tu vas faire un triste repas.

CHARLES. — Ah çà ! pas de bêtises ! tu sais que je ne badine pas sur ce chapitre.

TOURNIÈRE. — C'est vrai, tu avais un bon appétit.

CHARLES. — Je l'ai toujours. Eh bien ! et toi, dis donc ? je te conseille de parler, toi qui jonglais avec les faisans truffés et qui es resté une fois pendant deux jours à table !

TOURNIÈRE. — J'en ai bien rabattu, depuis.

CHARLES. — Tu m'effrayes, entends-tu ?

TOURNIÈRE. — Oh ! il y a de quoi manger, sois tranquille. Je crois que la cuisinière a fait à ton intention quelque chose de plus, un mets d'extra, n'est-ce pas, Geneviève ?

GENEVIÈVE. — Oui, monsieur.

TOURNIÈRE. — Une chatterie, probablement. Je suis devenu indifférent à tout cela, moi. Voici mon programme : la soupe et un bon plat.

CHARLES. — Pourquoi pas deux bons plats?... Au moins as-tu une cave?

TOURNIÈRE. — On est en train de la réparer. Cela ne m'empêchera pas de te faire goûter du vin de mon cru. Il n'est pas très-bon, mais il est naturel.

CHARLES. — Je le préférerais artificiel... et excellent.

TOURNIÈRE. — Ah! ah! ce digne Charles! il donne toujours dans ces godants.

CHARLES. — Je donne... je donne dans tout ce qui est bon. Il n'y a pas là de quoi me faire passer pour une curiosité.

TOURNIÈRE. — Est-il drôle! est-il drôle!... Tu changeras de ton dans quelques années, mon bonhomme, tu suivras mon exemple. Je reviens à l'homme primitif.

CHARLES. — Au sauvage du Var.

TOURNIÈRE. — C'est au point que si l'on me donnait le choix entre une carpe à la Chambord et une gousse d'ail dans un chiffon de pain, je n'hésiterais pas.

CHARLES. — Ni moi non plus.

TOURNIÈRE. — Je choisirais la gousse.

CHARLES. — Ah! moi pas.

TOURNIÈRE. — Voilà comme on vit cent ans.

CHARLES. — Ce n'est pas assez pour le prix.

TOURNIÈRE. — J'ai supprimé de mon existence toutes les inutilités. Exemple : le café.

CHARLES. — Comment! le café!

TOURNIÈRE. — Graine nuisible... Oh l'on t'en fera, rassure-toi, et de l'excellent! — J'y goûterai, par esprit d'imitation.

CHARLES. — Avec du cognac?

TOURNIÈRE. — Avec du cognac. On tâchera d'en découvrir dans la maison.

CHARLES. — Ouf! que de tirage!

TOURNIÈRE. — Tu ne m'as pas laissé le temps de t'interroger. Causons de toi à présent. L'estomac est superbe, mais ta fortune, mon pauvre ami?

CHARLES. — Pourquoi ce ton d'apitoiement?

TOURNIÈRE. — Tu vis sans doute comme autrefois?

CHARLES. — Un peu mieux.

TOURNIÈRE. — Au jour le jour?

CHARLES. — Non, au mois le mois. J'ai attrapé de l'avancement.

TOURNIÈRE. — Je ne vois rien de toi.

CHARLES. — Parce que tu ne lis rien.

TOURNIÈRE. — C'est vrai. J'ai fermé ma porte à tous les périodiques, excepté au journal de l'arrondissement. Je ne veux plus savoir ce qui se fait et ce qui se dit à Paris. Ici nous sommes fatigués de tant de bruit et de bavardage.

CHARLES. — Qui? vous?

TOURNIÈRE. — Mes voisins de campagne : le médecin, le mercier, le capitaine, tout le monde!

CHARLES. — Ah! très-bien.

TOURNIÈRE. — Aussi m'arrive-t-il fréquemment de te plaindre.

CHARLES. — Il n'y a pas de quoi pourtant.

TOURNIÈRE. — Être forcé de vivre dans un tel pandémonium !

CHARLES. — Je m'en accommode mieux que d'un désert. (A Geneviève.) Du pain, s'il vous plaît, mademoiselle.

GENEVIÈVE. — Voici, monsieur.

TOURNIÈRE. — Ah ! la littérature est un mauvais métier !

CHARLES. — Pas tant que tu crois.

TOURNIÈRE. — Le théâtre, je ne dis pas... il y a des veines... Mais le feuilleton, mais l'article de genre ! Qu'est-ce que cela rapporte ?

CHARLES. — Eh ! eh ! le moindre chroniqueur gagne aujourd'hui ses petits vingt mille francs.

TOURNIÈRE. — Allons donc ! tu te gausses de moi ?

CHARLES. — Parole d'honneur !

TOURNIÈRE. — Vingt mille francs ! Tu m'avoueras que c'est révoltant.

CHARLES. — Mais pas du tout.

TOURNIÈRE. — Qu'est-ce qu'il s'écrit de bon actuellement ? Rien, rien, rien.

CHARLES. — Tu te trompes, Tournière.

TOURNIÈRE. — Des fadaises ou des obscénités. On ne peut pas s'approcher de la vitrine d'un libraire sans rougir. On ne peut pas ouvrir une gazette sans tomber sur un scandale.

CHARLES. — Banalités !... Tu as pris le mot d'ordre de tes voisins de campagne. — Donne-moi à boire.

TOURNIÈRE, après lui avoir versé du vin. — Veux-tu de l'eau ?

CHARLES. — Si cela te fait absolument plaisir !...

Neuf heures et demie. — Clair de lune. — Les deux amis se promènent dans une allée du jardin.

CHARLES. — Écoute. J'étais venu ici avec un dessein.

TOURNIÈRE. — Aussi, je disais...

CHARLES. — Je ne t'en parlerais point, si cela ne regardait que moi. Tu m'as fait ta nouvelle profession de foi, et je me tiens pour édifié. Mais j'ai une mission à remplir. Si éloigné que tu sois du mouvement, il doit t'arriver parfois des bruits, des souffles. Notre époque est en travail. L'idée marche. Tu manques à l'œuvre qui s'élabore. Personne n'a oublié ton talent vigoureux et sain. Toi seul, peut-être, tu ignores le chemin qu'ont fait depuis trois ans tes pensées et tes livres? Ton éditeur, à qui tu as eu la sottise, au temps de ta regrettable pauvreté, de vendre la propriété de ton histoire politique de Versailles, en prépare une quatrième édition...

TOURNIÈRE. — Vraiment ?

CHARLES. — Ton nom est entré dans la foule. Tu es une autorité. Nous ne pouvons t'oublier au moment où nous nous comptons.

TOURNIÈRE. — A quoi veux-tu en venir ?

CHARLES. — A ceci : je suis chargé de te proposer la rédaction en chef d'un journal que nous fondons, mes amis et moi.

TOURNIÈRE. — Quoi ? vous avez pensé à moi comme cela, du premier mouvement ? Ah ! j'en suis touché, et je vous remercie. (Il serre la main de Charles.)

CHARLES. — C'était tout naturel.

TOURNIÈRE, s'arrêtant. — Mais...

CHARLES. — Eh bien ?

TOURNIÈRE. — Vous avez peut-être supposé... on vous aura peut-être exagéré ma fortune...

CHARLES. — Tais-toi!... On ne te demande pas de l'argent; au contraire, on t'en apporte. Quoique pauvres, nous te faisons douze mille francs de traitement annuel.

TOURNIÈRE. — Charles, je n'ai pas voulu dire... tu m'as mal compris.

CHARLES. — Tu acceptes ?

TOURNIÈRE. — Laisse-moi quelque temps pour réfléchir.

CHARLES. — Impossible. Je dois rapporter demain ta réponse à nos amis.

TOURNIÈRE. — Une détermination de cette importance... Tu me prends à la gorge. Je ne suis pas préparé, cela se comprend. On serait troublé à moins. Un tel changement d'habitudes, du jour au lendemain... Revenir sur mes pas, rentrer dans la lutte, recommencer ma vie !

CHARLES. — Non; renouer la chaîne de ta

vocation, être une force vive au lieu d'une inertie... ridicule.

TOURNIÈRE. — Renoncer sans transition au milieu que je me suis créé, pour...

CHARLES, sévèrement. — Achève.

TOURNIÈRE. — Pour une cause généreuse, c'est vrai, utile... Mais tout quitter !

CHARLES. — Quitter qui ? quitter quoi ? Ta citerne, ton potager, tes citrouilles !... Est-ce que tu ne retrouveras pas tout cela à un moment donné, après ton œuvre faite ? Tu reviendras, on revient toujours. Gagne au moins ton sillon, Cincinnatus sans batailles.

TOURNIÈRE, hésitant. — Au fait.... (On entend crier le sable de l'allée.)

GENEVIÈVE. — Monsieur ! monsieur !

TOURNIÈRE. — C'est toi, Geneviève ? Qu'y a-t-il ?

GENEVIÈVE. — Il y a, monsieur, que vous

allez vous enrhumer. Il n'y a pas de bon sens à se promener tête nue par la fraîcheur qu'il fait. Voici votre bonnet grec. Vous n'allez donc pas rentrer bientôt ?

TOURNIÈRE. — Si, Geneviève. Dans un instant. Laisse-nous.

GENEVIÈVE. — Ah c'est différent. Si cela vous plaît de vous tuer, vous êtes bien libre ! (Elle s'éloigne.)

CHARLES. — C'est ta bonne ?

TOURNIÈRE. — Oui.

CHARLES. — Belle fille. Elle est encore jeune. Elle te parle d'un ton bien décidé.

TOURNIÈRE, avec embarras. — Que veux-tu ? Elle était au service de mon oncle.

CHARLES, après un moment de silence. — Acceptes-tu ?

TOURNIÈRE. — Non.

CHARLES. — Georges... Penses-y bien... Nous te prions...

TOURNIÈRE. — Non. Il est trop tard.

CHARLES. — C'est ton dernier mot.

TOURNIÈRE. — Mon dernier.

CHARLES. — Adieu donc.

TOURNIÈRE. — Adieu.

CHARLES. — J'en étais sûr.

Ils se trouvent devant la porte. Les deux amis s'embrassent une dernière fois. Tournière, demeuré sur le seuil, écoute pendant quelque temps le bruit des pas de Charles; puis il rentre, étouffant un soupir...

FIN

TABLE

I.	ROSITA.	1
II.	IL EST DE LA POLICE.	15
III.	UNE MAUVAISE ACTION	31
IV.	LA MORT D'UN COMÉDIEN	39
V.	UN HOMME QUI NE FERAIT PAS DE MAL A UNE MOUCHE	51
VI.	TOUTE LA MAISON EST EN JOIE.	57
VII.	LE PEINTRE DE SAPEURS	65
VIII.	LES TROIS MONOLOGUES DU MARI.	79
IX.	LETTRES A MA VOISINE, II, I, III, IV.	91
X.	MON SECRÉTAIRE.	115
XI.	LES PRÉTEXTES.	125
XII.	ADIEU, HENRIETTE!	135

XIII.	CHEZ UNE TIREUSE DE CARTES.	147
XIV.	RECHERCHES SUR CALINO.	161
XV.	COMMENT JE M'Y SERAIS PRIS.	169
XVI.	LES PETITS ABBÉS.	183
XVII.	UNE VENTE AUX ENCHÈRES.	195
XVIII.	LA FEMME DE DEMAIN.	201
XIX.	L.-P. BEAUMEVIEILLE.	209
XX.	LES DEUX REPORTERS.	217
XXI.	A UN MAUVAIS ACTEUR	231
XXII.	UN BOUQUINISTE.	237
XXIII.	LA CHAMBRE N° 14.	247
XXIV.	LE DERNIER FAUST.	253
XXV.	LA VIE ARRANGÉE.	297
XXVI.	TUERIES A LA MODE	305
XXVII.	LES APAISÉS.	310

Saint-Germain. — Imprimerie D. BARDIN.

www.ingramcontent.com/pod-product-compliance
Lightning Source LLC
Chambersburg PA
CBHW072012150426
43194CB00008B/1083